JN021197

必勝合格！

JLPT
日本語能力試験
完全模試
SUCCESS

Japanese Language Proficiency Test N4 Complete Mock Test SUCCESS
成功的日语能力测试 N4 完整的模拟测试
Thành công kỳ thi năng lực tiếng Nhật N4 Hoàn thành bài kiểm tra mô phỏng

森本智子／高橋尚子／松本知恵／黒岩しづ可／黒江理恵／有田聡子◉共著

Jリサーチ出版

はじめに

本書は、日本語能力試験のN1からN5のレベルのうち、N4の試験対策を目的に、3回分の模擬試験を用意しました。

本書の特徴は、問題数が豊富であることです。模擬試験が3回分収録されていますから、試験直前にとにかくたくさん問題を解きたいという場合に使うことはもちろん、試験の傾向を知るために1回、少し勉強してから1回、試験直前に1回といった使い方をすることもできます。本書を使って本番と同じ形式の問題を3回解いてみれば、問題に慣れ、問題を解くポイントがつかめていきます。

また、本書では、あまり時間がない中でも必要な試験対策がとれるよう、解説を工夫しました。問題を解いて答えの正誤を知るだけでなく、効率よく、正解を導くためのポイントを学んだり、今まで学んできた知識を整理したりできるようになっています。

そして本書ではさらに、読者への特典として模試をもう一回分、ダウンロードサービスをご利用できるようになりました。試験に向けて実戦練習を積み重ねることで、対策がより強化されるでしょう。

N4に合格するためには、幅広い日本語の知識とそれを適切に運用する力が求められます。本書を使って繰り返し学習することによって、弱いところや苦手なところを補強し、日本語能力の向上を目指してください。

本書がN4合格を目指す皆さんのお役に立てることを願っています。

著者・編集部一同

もくじ

この本の使い方

〈この本の構成〉

- 模擬試験は全部で３回あります。
- 問題と解答用紙は付属の別冊に、解答・解説はこちらの本冊に収めてあります。
- 聴解用の音声はダウンロードで利用できます。詳しくは、p.5 ～ p.8 をご覧ください。

★この本の３回の模擬試験に加えて、もう１回分、ダウンロード版の模擬試験があります。利用方法は p.9 ～ p.10 をご覧ください。

〈この本の使い方〉

①３回の模擬試験は（一度に続けてではなく）、それぞれ決められた時間にしたがって別々にしてください。

※解答用紙は切り取るか、コピーをして使ってください。

※「言語知識（文字・語彙・文法）／読解」では、解答にかける時間について目標タイムを設け、大問ごとに表示しています。参考にしながら解答してください。

②解答が終わったら、「解答・解説」を見ながら答え合わせをしましょう。間違ったところはよく復習しておいてください。

※ 解説や付録の「試験に出る重要語句・文型リスト」を活用しましょう。

③次に、採点表（別冊 p.103 ～ 104）を使って採点をして、得点を記入してください。得点結果をもとに、力不足のところがないか、確認してください。得点の低い科目があれば、重点的に学習しましょう。

音声ダウンロードのご案内
おんせい

STEP 1 商品ページにアクセス！
方法は次の３通り！

- QR コードを読み取ってアクセス。
- https://www.jresearch.co.jp/book/b623852.html を入力してアクセス。
- Ｊリサーチ出版のホームページ（https://www.jresearch.co. jp/）にアクセスして、「キーワード」に書籍名を入れて検索。

STEP 2 ページ内にある「音声ダウンロード」ボタンをクリック！

STEP 3 ユーザー名「1001」、パスワード「25939」を入力！

STEP 4 音声の利用方法は２通り！
学習スタイルに合わせた方法でお聴きください！

- 「音声ファイル一括ダウンロード」より、ファイルをダウンロードして聴く。
- 「▶」ボタンを押して、その場で再生して聴く。

※ダウンロードした音声ファイルは、パソコン･スマートフォンなどでお聴きいただくことができます。一括ダウンロードの音声ファイルは .zip 形式で圧縮してあります。解凍してご利用ください。ファイルの解凍が上手く出来ない場合は、直接の音声再生も可能です。

● 音声ダウンロードについてのお問合せ先 ●
toiawase@jresearch.co.jp
（受付時間：平日９時～ 18 時）

How to Download Voice Data

STEP 1 **Visit the website for this product! This can be done in three ways.**

- Scan this QR code to visit the page.
- Visit https://www.jresearch.co.jp/book/b623852.html
- Visit J Research's website (https://www.jresearch.co.jp/), enter the title of the book in "Keyword," and search for it.

STEP 2 **Click the 「音声ダウンロード」(Voice Data Download) button the page!**

STEP 3 **Enter the username "1001" and the password "25939"!**

STEP 4 **Use the voice data in two ways! Listen in the way that best matches your learning style!**

- Download voice files using the "Download All Voice Files" link, then listen to them.
- Press the ▶ button to listen to the voice data on the spot.

* Downloaded voice files can be listened to on computers, smartphones, and so on. The download of all voice files is compressed in .zip format. Please extract the files from this archive before using them. If you are unable to extract the files properly, they can also be played directly.

For inquiries regarding voice file downloads, please contact :

toiawase@jresearch.co.jp

(Business hours: 9 AM - 6 PM on weekdays)

如何下载音频

STEP 1 进入产品页面！
有 3 种方法可以下载！

- 扫描二维码访问。
- 通过输入 https://www.jresearch.co.jp/book/b623852.html 访问。
- 访问 J Research Publishing 网站（https://www.jresearch.co.jp/）在“キーワード（关键字）”中输入书名进行搜索。

STEP 2 点击页面上的「**音声ダウンロード**」(语音下载)按钮！

STEP 3 输入用户名“1001”和密码“25939”！

STEP 4 有两种使用语音的方法！
选择适合您的学习方式收听！

- 从“一次性下载所有音频文件”下载并收听文件。
- 按▶ 按钮即可现场播放和收听。

※您可以在计算机或智能手机上收听下载的音频文件。下载的音频文件以 .zip 格式压缩。请解压文件使用。如果文件不能顺利地解压，也可以直接播放音频。

● 音频下载咨询 ●
toiawase@jresearch.co.jp
（受理时间：平日 9:00 ~ 18:00）

HƯỚNG DẪN TẢI FILE ÂM THANH

STEP 1 **Có 3 bước để tải như sau!**

- Đọc mã QR để kết nói.
- Kết nối tại địa chỉ mạng https://www.jresearch.co.jp/book/b623852.html.
- Vào trang chủ của NXB J-Research rồi tìm kiếm bằng tên sách tại mục キーワード .

STEP 2 **Nhấp chuột vào nút「音声ダウンロード」có trong trang!**

音声 ダウンロード付 | 無料音声は こちら

STEP 3 **Nhập tên "1001", mật khẩu "25939" !**

STEP 4 **Có 2 cách sử dụng thư mục âm thanh. Hãy nghe theo cách phù hợp với phương pháp học của mình!**

- Tải file để nghe từ mục「音声ファイル一括ダウンロード」
- Ấn nút ▶ để nghe luôn tại chỗ.

※File âm thanh đã tải về có thể nghe trên máy tính, điện thoại thông minh. Nếu tải đồng loạt thì file được nén dưới dạng file .zip. Hãy giải nén file trước khi sử dụng. Nếu không giải nén được file cũng vẫn có thể nghe trực tiếp.

Mọi thắc mắc về việc tải file âm thanh hãy liên hệ tới địa chỉ

toiawase@jresearch.co.jp

(từ 9:00 ~ 18:00 ngày làm việc trong tuần)

ダウンロード模試のご利用案内

STEP 1 商品ページにアクセス！ 方法は次の３通り！

- QR コードを読み取ってアクセス。
- https://www.jresearch.co.jp/book/b623852.html を入力してアクセス。
- Ｊリサーチ出版のホームページ（https://www.jresearch.co. jp/）にアクセスして、「キーワード」に書籍名を入れて検索。

STEP 2 ページ内にある「購入者特典・模試１回分はこちら」をクリック！

STEP 3 「ユーザー名」「パスワード」を入力！

➡ユーザ名＝ **jresearch86392**　パスワード＝ **successdArUmA25939**

STEP 4 試験科目を選んでクリック

※解答用紙は、本書の別冊の最後にあります。

● ダウンロード模試についてのお問合せ先 ●

toiawase@jresearch.co.jp（受付時間：平日９時～18 時）

How to Use the Downloadable Practice Test

STEP 1 Visit the website for this product!
This can be done in three ways.

- Scan this QR code to visit the page.
- Visit https://www.jresearch.co.jp/book/b623852.html.
- Visit J Research's website (https://www.jresearch.co.jp/), enter the title of the book in "Keyword," and search for it.

STEP 2 Click the「購入者特典・模試１回分はこちら」(Purchase bonus practice test x1) button the page!

STEP 3 Enter the username "**jresearch86392**" and the password "**successdArUmA25939**".

STEP 4 Select the test subject and click on it.

- Answer sheet is found at the endo of the supplement.

For inquiries regarding voice file downloads, please contact :

toiawase@jresearch.co.jp (Business hours: 9 AM - 6 PM on weekdays)

下载模拟测试使用指南

STEP 1 进入产品页面！ 有 3 种方法可以下载！

- 扫描二维码访问。
- 通过输入 https://www.jresearch.co.jp/book/b623852.html 访问。
- 访问 J Research Publishing 网站（https://www.jresearch.co.jp/）在“キーワード（关键字）”中输入书名进行搜索。

STEP 2 点击页面上的「購入者特典･模試 1 回分はこちら」(获取购买者权益 / 一次模拟考试）按钮！

STEP 3 输入“用户名”和“密码”

➡用户名 = **jresearch86392**　密码 = **successdArUmA25939**

STEP 4 选择并点击考试科目

- 答卷在本书分册的末尾。

● 模拟考试下载咨询 ●

toiawase@jresearch.co.jp （受理时间：平日 9:00 ～ 18:00）

HƯỚNG DẪN TẢI ĐỀ THI THỬ

STEP 1 **Kết nối vào trang giới thiệu sách! Có 3 bước để tải như sau!**

- Đọc mã QR để kết nói.
- Kết nối tại địa chỉ mạng https://www.jresearch.co.jp/book/b623852.html
- Vào trang chủ của NXB J-Research rồi tìm kiếm bằng tên sách tại mục キーワード .

STEP 2 **Nhấp chuột vào nút** 「購入者特典・模試 1 回分はこちら」(Ưu đãi dành cho độc giả! Tải bài kiểm tra thử 1 lần tại đây) **có trong trang!**

STEP 3 **Nhập tên “jresearch86392”, mật khẩu “successdArUmA25939” !**

STEP 4 **Nhấp chuột để chọn bài thi**

- Tờ trả lời được gắn ở cuối sách.

Mọi thắc mắc về việc tải đề thi thử hãy liên hệ tới địa chỉ:

toiawase@jresearch.co.jp (từ 9:00 ~ 18:00 ngày làm việc trong tuần)

「日本語能力試験 N4」の内容

1．N4 のレベル

基本的な日本語を理解することができる。

● 基本的な語彙や漢字を使って書かれた日常生活の中でも身近な話題の文章を、読んで、理解することができる。

● 日常的な場面で、ややゆっくり話される会話であれば、内容がほぼ理解できる。

2．試験科目と試験時間

● 「言語知識（文法）」と「読解」は同じ時間内に、同じ問題用紙、同じ解答用紙で行われます。自分のペースで解答することになりますので、時間配分に注意しましょう。

	言語知識（文字・語彙）	言語知識（文法）・読解	聴解
時間	25分	55分	35分

3．合否（＝合格・不合格）の判定

● 「総合得点」が「合格点」に達したら、合格になります。確実に6～7割の得点が得られるようにしましょう。

● 「得点区分別得点」には「基準点」が設けられています。「基準点」に達しなければ、「総合得点」に関係なく、不合格になります。苦手な科目をつくらないようにしましょう。

	言語知識（文字・語彙・文法）・読解	聴解	総合得点	合格点
得点区分別得点	0～120点	0～60点	0～180点	90点
基準点	38点	19点		

4．日本語能力試験 N4 の構成

		大問	小問数	ねらい
言語知識（25分）		1 漢字読み	7	漢字で書かれた語の読み方を問う。
		2 表記	5	ひらがなで書かれた語が、漢字でどのように書かれるかを問う。
		3 文脈規定	8	文脈によって意味的に規定される語が何であるかを問う。
		4 言い換え類義	4	出題される語や表現と意味的に近い語や表現を問う。
		5 用法	4	出題語が文の中でどのように使われるのかを問う。
言語知識・読解（55分）	文法	1 文の文法1（文法形式の判断）	13	文の内容に合った文法形式かどうかを判断することができるかを問う。
		2 文の文法2（文の組み立て）	4	統語的に正しく、かつ、意味が通る文を組み立てることができるかを問う。
		3 文章の文法	4	文章の流れに合った文かどうかを判断することができるかを問う。
	読解	4 内容理解（短文）	3	学習・仕事に関連した話題・場面の、やさしく書き下ろした 100 ～ 200 字程度のテキストを読んで、内容が理解できるかを問う。
		5 内容理解（中文）	3	日常的な話題・場面でやさしく書き下ろした 450 字程度のテキストを読んで、内容が理解できるかを問う。
		6 情報検索	2	案内やお知らせなどの書き下ろした情報素材（400字程度）の中から必要な情報を探し出すことができるかを問う。
聴解（35分）		1 課題理解	8	まとまりのあるテキストを聞いて、内容が理解できるかどうか（次に何をするのが適当か理解できるか）を問う。
		2 ポイント理解	7	まとまりのあるテキストを聞いて、内容が理解できるかどうか（ポイントを絞って聞くことができるか）を問う。
		3 発話表現	5	イラストを見ながら、状況説明を聞いて、適切な発話が選択できるかを問う。
		4 即時応答	8	質問などの短い発話を聞いて、適切な応答が選択できるかを問う。

※小問数は予想される数で、実際にはこれと異なる場合もあります。

N4各問題のパターンと解答のポイント

げんごちしき（もじ・ごい）

もんだい１　漢字の正しい読みを選ぶ。

- 長い音（「ー」）か長くない音か（例会場ー近所）
- 詰まる音（「っ」）か詰まらない音か（例学校ー学生）
- 「゛」や「゜」の付く音か付かない音か（例１本ー２本ー３本）
- 「ん」が入るか「ん」が入らないか（例店長ー手帳）
- 「漢字＋漢字」でどのような音の違いがあるか（例食事ー食器）などに注意

もんだい２　ひらがなの部分について、正しい漢字を選ぶ。

- 形が似ている語（近　逆　辺　送）
- 音が似ている語（主　集　所　少）
- 意味が似ている語（洗　流　注　汚）などに注意

もんだい３　文に合う語を選ぶ。

- 似ているが、意味の違う語（例会うー合う、リストーメニュー）
- 同じ漢字を持つ語、形が似ている語（例利用ー用意、紹介ー招待）などに注意

もんだい４　別な言葉や言い方で、意味がだいたい同じものを選ぶ。

例 大学に入学しました。ー大学に入りました。

- カタカナの言葉にも注意しよう

もんだい５　文の中で正しく使われているものを選ぶ。

- 前後の語とのつながりは正しいか
- 使われている*場面は適当か　などに注意

＊場面：scene, situation ／场面、情景／ bối cảnh, trường hợp

言語知識（文法）

もんだい1　文に合う*文型を選ぶ。

● 前の語とのつながりが正しいか。意味と形の両方に注意する。

*文型：sentence patterns ／句型／ mẫu câu

もんだい2　語を*並べ替えて、文を作る。

● 並べ替えたときに ＿★＿ のところに来る語（⇒答えの番号）を選ぶ。

*並べ替える：to rearrange ／重新摆、重新排列／ sắp xếp lại

《問題例》

次の文の ＿★＿ に入る最もよいものを、１・２・３・４の中から一つ選びなさい。

パーティーに ＿＿＿ ＿＿＿ ＿★＿ ＿＿＿ 決めていない。

１ 着て　　２ まだ　　３ 行くか　　４ 何を

（解答のしかた）

パーティーに ＿何を＿ ＿着て＿、＿（行くか）＿ ＿まだ＿ 決めていない。

もんだい3　文章の中で、前後の内容と合っているものを入れる。

《問題例》

もんだい３　21 から 25 に　何を　入れますか。文章の　意味を　考えて、１・２・３・４から　いちばん　いいものを　一つ　えらんで　ください。

つぎの　文章は　マリアさんが　先生に　書いた　はがきです。

先生、お元気ですか。私は今、北海道に来ています。友達が北海道の人で、夏休みの間、彼の家に泊めてもらうことになったんです。北海道には前からぜひ来たいと思っていたので、とても喜んでいます。先生も言っていた ＿21＿、景色はきれいだし、食べ物はおいしいし、毎日楽しいです。もちろん、先生に言われていた漢字の宿題も毎日やっていますよ。 ＿22＿、安心してください。…

2023年８月５日

マリア

21

１　のに　　２　のは　　３　（とおり）　　４　みたい

22

１　しかし　　２　そして　　３　それで　　４　（だから）

読解

もんだい4　100～200字くらいの文章を読んで内容が*理解できるかを問う。

- 筆者（＝文章を書いた人）が最も言いたいことは何か
- 筆者の考えに合うのはどれか
- 筆者は（何が／どのように／どんな…）考えているか　などに注意

＊理解(する)：understanding, comprehension ／理解、了解／ lí giải, hiểu

もんだい5　450字くらいの文章を読んで、書かれている内容のポイントを理解しているかを問う。

- 「どんな～か」「どのように～したか」「どうして～したか」「何を～したか」などがよく出る

もんだい6　400字くらいの情報の中から必要な情報を探し出すことができるかを問う。

- アルバイト情報／旅行プランの案内／サービスの利用案内／教室案内／イベント情報／アパート情報　などがよく出る
- 時間や場所、申込方法など、よく使われる語句を知っておく。

読解問題のポイント

1 指示語（これ、それ、あれ、この～、その～、あの～、こんな～、そういう～、あのような～、など）の*内容を*つかむ。

＊内容：content ／内容／ nội dung　　　つかむ：to grasp ／抓、揪、抓住／ nắm bắt

2 文の最後の部分は、特にていねいに読む。

3 接続詞（また、しかし、だから、など）に注意しながら、文の流れをつかむ。

4 言い換えていること、2回、3回と言っていることは大事なこと。

5 「しかし、けれども、ところが」などのあとに大事なことを言うことが多い。

6 大事なところやわからないところに引きながら読む。

もんだい1　二人の会話を聞いて、内容が理解できるかどうかを問う。

①問題文を聞く→②選択肢*を見る→③説明と質問（１回目）を聞く→④会話を聞く→⑤質問（２回目）を聞いて答えを選ぶ

＊選択肢：choice ／选择的余地／ lựa chọn

- 「～はこのあと、何をしますか。」「～は何を～ますか。」などがよく出る。

もんだい2　二人の会話または一人のスピーチなどを聞いて、ポイントがつかめるかどうかを問う。

①問題文を聞く→②選択肢を軽く見る→③説明と質問（１回目）を聞く→④選択肢を見る（約 20 秒）→⑤会話を聞く→⑥質問（２回目）を聞いて答えを選ぶ

- 「～は、どうして…ますか。」「～は、どんな ○○を…ますか。」「～は、いつ…ますか。」「～はどのように…ますか。」などがよく出る

もんだい3　絵を見ながら、状況説明*を聞いて、それに合った表現が選べるかを問う。

①絵を見る→②状況説明と質問を聞く→③選択肢を聞いて解答

- 「～てくれませんか（～てくれない？）」「～てほしいんですが」「～たいんですが」「～ましょうか」「～（し）ない？」「～たら（どう）？」などがよく出る

もんだい4　相手の短い質問やあいさつなどに対して、それに合った答え方が選べるかを問う。

①会話のうち、先に話すほうを聞く→②選択肢（会話のあとのほう）を聞いて答えを選ぶ

- 「～ておく」「～とく」「～ておいて」、「～てくれませんか」「～てくれない？」、「～て（も）いい」「～で（も）いい」、「結構です」などがよく出る

聴解問題のポイント

1 音声は１回しか聞けないので、１問１問集中して*聴くこと。
＊集中（する）：to concentrate ／集中／ tập trung

2 答えに迷っても、そこで時間をかけない（→次の問題に集中できなくなる）。

3 質問文の内容を正しく聞き取ること。

4 会話では省略される*言葉が多い。「だれが？」「何を？」などがわからなくならないように注意する。　＊省略（する）：to omit, to abbreviate ／省略／ lược, giản lược

模擬試験 第1回 解答・解説

げんごちしき（もじ・ごい）

もんだい 1				
1	①	●	③	④
2	●	②	③	④
3	①	②	③	●
4	①	②	③	●
5	①	●	③	④
6	①	●	③	④
7	●	②	③	④
もんだい 2				
8	①	②	③	●
9	●	②	③	④
10	①	②	③	●
11	①	●	③	④
12	①	●	③	④
もんだい 3				
13	①	②	●	④
14	①	●	③	④
15	①	②	③	●
16	①	●	③	④
17	①	②	●	④
18	●	②	③	④
19	●	②	③	④
20	①	②	③	●

もんだい 4				
21	①	②	●	④
22	●	②	③	④
23	①	●	③	④
24	①	②	●	④
もんだい 5				
25	①	●	③	④
26	●	②	③	④
27	①	②	③	●
28	①	②	●	④

げんごちしき（ぶんぽう）・どっかい

もんだい 1				
1	①	②	●	④
2	①	②	③	●
3	●	②	③	④
4	①	●	③	④
5	①	●	③	④
6	①	②	③	●
7	①	②	●	④
8	①	②	●	④
9	①	②	③	●
10	●	②	③	④
11	①	●	③	④
12	①	②	③	●
13	①	②	●	④
もんだい 2				
14	①	②	●	④
15	①	②	③	●
16	●	②	③	④
17	①	②	③	●

もんだい 3				
18	①	●	③	④
19	①	②	③	●
20	①	②	③	●
21	●	②	③	④
もんだい 4				
22	①	②	●	④
23	①	②	●	④
24	①	②	●	④
もんだい 5				
25	①	②	●	④
26	①	●	③	④
27	①	②	●	④
もんだい 6				
28	●	②	③	④
29	●	②	③	④

ちょうかい

もんだい 1				
れい	①	●	③	④
1	①	②	●	④
2	①	②	③	●
3	●	②	③	④
4	①	●	③	④
5	①	②	③	●
6	●	②	③	④
7	①	●	③	④
8	①	②	●	④
もんだい 2				
れい	①	②	●	④
1	①	②	●	④
2	①	●	③	④
3	①	②	●	④
4	①	②	●	④
5	①	●	③	④
6	①	●	③	④
7	①	②	●	④

もんだい 3			
れい	①	②	●
1	●	②	③
2	①	●	③
3	●	②	③
4	①	●	③
5	①	②	●
もんだい 4			
れい	①	●	③
1	●	②	③
2	①	●	③
3	●	②	③
4	●	②	③
5	①	②	●
6	①	●	③
7	●	②	③
8	①	●	③

言語知識（文字・語彙）
げんごちしき　もじ　ごい

もんだい１

1 正答２
せいとう

□**別れる**（わか）：split apart ／分别 / 分开 ／ chia tay

▶□**別**＝ベツ、ベッ／わか－れる

例 先月（せんげつ）、彼女（かのじょ）と 別（わか）れた。

2 正答１

□**弱い**（よわ）：weak ／弱／ yếu

▶□**弱**＝ジャク／よわ－い

例 風（かぜ）が だんだん 弱（よわ）くなって きた。

3 正答４

□**秋**（あき）：autumn ／秋天／ mùa thu

▶□**秋**＝シュウ／あき

例 １年（ねん）の 中（なか）で 秋（あき）が 一番（いちばん） 好（す）きです。

4 正答４

□**走る**（はし）：run ／跑／ chạy

▶□**走**＝ソウ／はし－る

例 週末（しゅうまつ）に 20 キロ 走（はし）っている。

5 正答２

□**町**（まち）：town ／町／ phố, phường

▶□**町**＝チョウ／まち

例 この 町（まち）には 工場（こうじょう）が たくさん ある。

6 正答２

□**大切**（たいせつ）：important ／重要的／ quan trọng

▶□**大**＝ダイ／おお－きい

例 大事（だいじ）な 話（はなし）を する

▶□**切**＝セツ／き－る

例 髪（かみ）を 切（き）る

7 正答１

□**習う**（なら）：learn ／学习／ học

▶□**習**＝シュウ／なら－う

例 子供（こども）のとき、バイオリン を 習（なら）っていた。

もんだい２

8 正答４

□**止まる**（と）：stop ／停止 / 停／ dừng

▶□**止**＝シ／と－まる、と－める

例 コンサートを 中止（ちゅうし）する、音楽（おんがく）を 止（と）める

9 正答１

□**暑い**（あつ）：hot ／热／ nóng

▶□**暑**＝ショ／あつ－い

例 猛暑（もうしょ）、暑（あつ）い 夏（なつ）

10 **正答4**

□**顔**：face ／脸／ mặt

▶□ 顔＝ガン／かお

例 顔面、かわいい 顔

11 **正答2**

□**区**：ward; district ／区／ quận

▶□ **区**＝ク

例 東京には 23 の 区が あります。

12 **正答2**

□**急ぐ**：hurry ／着急／ vội, gấp

▶□ **急**＝キュウ／いそーぐ、いそーぎ

例 特急、急行、急ぎの 用事、急いで 帰る

もんだい3

13 **正答3**

□**血**：blood ／血／ máu

他のせんたくし／ Other options

1 **汗** 例 汗を かきました。

2 **くしゃみ** 例 くしゃみが 出ます。

4 **咳** 例 咳を して います。

14 **正答2**

□**謝る**：apologize ／道歉／ xin lỗi

他のせんたくし／ Other options

1 **挨拶する**
例 近所の 人に 挨拶しました。

3 **ある** 例 用事が あります。

4 **あげる** 例 プレゼントを あげます。

15 **正答4**

□**軽い**：light ／轻／ nhẹ

他のせんたくし／ Other options

1 **細い** 例 細い 木

2 **薄い** 例 薄い 色

3 **短い** 例 短い スカート

16 **正答2**

□**工場**：factory ／工厂／ nhà máy

他のせんたくし／ Other options

1 **運動場** 例 運動場で 走ります。

3 **工事** 例 ビルの 工事を して います。

4 **喫茶店** 例 喫茶店で 休みます。

17 **正答3**

□**きっと**：probably ／一定／ chắc chắn

他のせんたくし／ Other options

1 **よく** 例 よく 仕事を 休みます。

2 **もうすぐ** 例 もうすぐ お正月です。

4 **もっと** 例 もっと 早く 来て ください。

18 **正答1**

□**ガス**：gas ／瓦斯／ khí ga

他のせんたくし／ Other options

2 **ビザ** 例 留学ビザ

3 **メモ** 例 メモを 取る

4 **プロ** 例 プロの 選手に なる

19 正答1

□得意(な):specialty ／拿手 / 擅长／ giỏi

他のせんたくし／Other options

2 特別　例 特別な 料理
3 複雑　例 複雑な 絵
4 残念
例 旅行に 行けなく なって残念です。

20 正答4

□度:~ time(s) ／~次／ lần ~

他のせんたくし／Other options

1 杯　例 毎日 1杯、ビールを 飲みます。
2 個　例 卵を 2個 食べます。
3 足　例 3足 1000 円の くつ下

もんだい4

21 正答3

「あたり」は「その近く」、「そのまわり」という 意味。

22 正答1

「残って いる」は「まだ ある」と いう意味。

23 正答2

「へん」は「おかしい」「普通では ない」の意味。

24 正答3

「かなり」は「とても」の意味。

もんだい5

25 正答2

□用事:affairs ／要事 / 事情／ việc bận
例 明日は 用事が ありません。

他のせんたくし／Other options

1 計画、3 約束、4 都合などが 適当です。

26 正答1

□世話を する:take care of ／照顾／ chăm sóc
例 妹の 世話を する。

他のせんたくし／Other options

2 片付ける、3 相談する、4 干すなどが 適当です。

27 正答4

□アドレス:address

他のせんたくし／Other options

1 アイデア(idea)、2 アルバム (album)、3 アクセス (access) が 適当です。

28 正答3

□そろそろ:about time to ~ ／该~了／ chuẩn bị

他のせんたくし／Other options

1 この間、先日、2 たびたび、4 ときどきなどが 適当です。

言語知識（文法）・読解

文法

もんだい1

1 正答3

□**～か～**（疑問の 助詞）：
~or~（interrogative postpositional particle）／或～或～（疑问助词）／hoặc ~ hoặc ~（trợ từ nghi vấn）

例 これは だれの かばんか、知って いますか。

他のせんたくし／Other options

1 友だちと 遊びに 行く。（一緒に 動作を する 相手 a party also taking an action ／一起行动的伙伴／ người cùng thực hiện hành động）

2 スーパーで 買い物する。（動作の 場所 where an action is taken ／动作的场所／ địa điểm của hành động）

4 映画を 見る。（対象 subject; object ／対象／ đối tượng）

2 正答4

□**～く なる**：becomes ~／变～了／~ hơn

例 お酒を 飲むと 顔が 赤くなる。（A く／ Na に＋なる）

3 正答1

□**～ことに する**（じしょ形／ない形＋ことに する）：decide to ~／决定 / 打算／ quyết định ~

例 週末は 家に いることに する。

4 正答2

□**～て おく**（て形＋おく）：go and ~／先～好／làm ~ sẵn

例 寝る 前に 明日 着る 服を 出して おいた。

他のせんたくし／Other options

1 今年こそは 早起きしようと 思って います。

3 この 携帯電話は 多くの 人に 買われて います。

4 マニュアルを 読めば、使い方が わかります。

5 正答2

□**～ない ほうが いい**：better to not ~ ／最好不～／ không nên làm ~

例 じゃまに なるから、ここに 置かない ほうが いい。

□**～た ほうが いい**：had better ~ ／最好～／ nên làm ~

6 正答4

□**～の**（疑問の 助詞 interrogative postpositional particle ／疑问助词／ trợ từ nghi vấn）

例 今日は 何時に 帰るの？

他のせんたくし／Other options

1 大声を 出すな！

2 A「今日は 寒いですね。」
B「そうですね。」

3 お元気ですか。

7 正答3

□**～て くる**（て形＋くる）：とちゅうで ～て から 来る

例 けさ、コンビニで パンを 買って きました。

8 正答3

□（意向形）**と 思う**：思って いる 内容を 伝える 言い方。

＊意向形：volitional form／意向式／thể ý chí

例 来年、海外旅行に 行こうと 思う。

9 正答4

□**～て もらいたいんですが**（て形＋もらいたいんですが）：人に お願いするときに 使う。

例 すみません、ちょっと 手伝って もらいたいんですが。

10 正答1

□**～て みる**（て形＋みる）：try ~ing／试试看／thử ~

例 この 料理、食べて みて ください。

11 正答2

□**～く V**（A< /Na に＋ V）：～に なるように V 例 字を もっと きれいに 書いて ください。

12 正答4

□**命令形** imperative form／命令式／thể mệnh lệnh

例「ここに ゴミを 捨てるな！」と 書いて あります。

13 正答3

□**～けど**（逆接）

＊ 逆接 adversative conjunction／不过 / 但是／~nhưng (ngược nghĩa)

他のせんたくし／Other options

1 友だちと 会いたい。でも、時間が ない。
2 ここを 押すと 電気が つく。
4 熱が あるなら、薬を 飲んだ ほうが いい。

もんだい2

14 正答3

オリさんは 北海道に スキーを 4しに 1行って 3みたい 2と言って います。

15 正答4

あしたは 朝から 駅前に 服3を 1買い 4に 2行くつもり です。

16 正答1

メイさんが 2さしみを 4食べられる 1か 3どうか 私は 知りません。

17 正答4

この チケットが 3あれば 1一日 4何度 2でも 地下鉄に 乗ることが できます。

もんだい3

となりの 部屋の 人

おととい マンションの となりの 部屋の 人が、お菓子を 持ってきて [18]。となりの 部屋の 人は 来週の 日曜日、引っ越しする [19]。引っ越しの トラックが 来て うるさく なるので、[20] と 言って いました。私は となりの 部屋の 人と、ほとんど 話したことがありませんでした。親切そうな 人だったので、もっと 話を [21] と 思いました。

18 お菓子を 持って きたのは となりの 部屋の 人で、受け取ったのは この 人なので、「くれました」。
例 友達が 家まで 車で 送って くれた。

19 次の 文で「(となりの 部屋の 人は)～と 言って いました。」と あるので、「引っ越しする」と 聞いた。
例 来週、台風が 来る そうです。

20「うるさくなる」ことを 謝って いる。
例 連絡するのが 遅く なって しまい、申し訳ありません。

21「親切そうな 人だった」と 言って います。「私」は、「となりの 部屋の 人」の ことは、過ぎて しまったことと 思い、残念な 気持ちです。 1○
「らしい」は 自分の ことには 使いません。 2×
「～ておく」は 何かの 用意の ために することを 表します。この 文章の 内容には 合いません。 3×
「～なくてもいい」は「必要ない」と いう 意味ですから、「もっと」と 合いません。 4×

[18] 正答2

他のせんたくし／ Other options

1 財布を 忘れたので、友だちに お金を 貸して もらった。
3 友達に 使い方を 教えて あげました。
4 飲み物は 冷やして あります。

[19] 正答4

他のせんたくし／ Other options

1「けがを したそうですね。お大事に。」
2「お先に 失礼します。」
3「今日から お世話に なります。よろしく お願いいたします。」

[20] 正答4

他のせんたくし／ Other options

1 さっき 家に 帰ったばかりです。(＝すぐ あと)
2 今、ご飯を 食べて いる ところだ。(＝ちょうど それを して いるとき)
3 疲れたので、今日は 早く 寝ようと 思う。(＝意志 will／意志式／ý chí)

[21] 正答1

他のせんたくし／ Other options

2 彼は 国に 帰ったらしいです。
3 レストランを 予約して おきました。
4 飲み物は 買わなくてもいいです。

ことばと表現

□**となり**：next to ／旁边／ bên cạnh

読解

もんだい4（短文）

（1）「電子図書館」

22 正答3

少し 前、私の 町の 図書館が「電子図書館 サービス」を 始めました。紙の 本では なく、デジタルの 本を、パソコンや スマホなどを 使って、借りて 読むことが できるように なりました。それで、私は 最近 よく、電子図書館を 利用して います。電子図書館は 24 時間 いつでも 本が 借りられます。借りた 本が おもしろくなかったら、すぐに 返して、ほかの 本を 借りることが できます。また、2週間 経ったら、何も しなくても 本が 返されるので、本を 返すのが 遅れることが ありません。電子図書館で 借りられる 本は まだ 少ないですが、忙しくて 図書館に 行けない 人には、とても 便利です。

「デジタル」が わからなくても、「紙の 本ではない」「パソコンや スマホなどを 使って」を ヒントに「E-book のこと？」と、考えましょう。

「図書館に 行かなくても、本を 借りることが できる こと」を 表しています。

他のせんたくし／Other options

1→「パソコンで 本を 読むのは おもしろくない」とは 言って いません。

2→本は 自動で 返されますが、「知らせが 来る」とは 書かれて いません。

4→「おもしろく なかったら すぐに 返して……できます」⇒2週間 経たなくても 返せます。

ことばと表現

□**電子図書館**：e-library ／电子图书馆／ thư viện điện tử

□**サービス**：special treatment ／服务／ dịch vụ, khuyến mại

□**デジタル**：digital ／数码／ kĩ thuật số

□**～経つ**：pass ／经过／ trôi qua

(2)「歌の 練習方法」

23 正答3

友達と カラオケを するのは とても 楽しいですが、私は ときどき 一人で カラオケに 行きます。友達と 歌うときは 上手に 歌える 歌しか 歌いませんが、一人の ときは、新しい 歌や 上手に 歌えない 歌を よく 歌います。だれにも 聞かれないので、はずかしく ありません。同じ 歌を 何回 歌っても、途中で 止めて 最初から 歌っても、だれも 怒りません。上手に 歌えるように なる ために、いい 方法だと 思います。

「新しい 歌や 上手に 歌えない 歌を よく 歌う」「同じ 歌を 何回 歌っても」から、練習の ために 歌って いることを 読み取りましょう。「(一人で カラオケに 行くことは) 上手に 歌えるように なる ために、いい 方法だ」と いう 文に なります。 **3**○

ことばと表現

□**はずかしい：**embarrassing ／不好意思／ xấu hổ

(3)メモ

24 正答3

(日本語学校で)

山本先生の 机の上に、メモが あります。

山本先生

中村小学校の 小林先生から 電話が ありました。

3月に 交流会ができるのは、3日(金)なら 11時か 13時、23日(木)なら 13時だそうです。

交流会に 行ける 日と 時間が 決まったら、電話が ほしいと 言って いました。どの 国の 人が 何人 来るかも 教えてもらいたいそうです。

2月 9日 13:10　松本

・「(山本先生からの) **電話が ほしいと** (小林先生が) **言って いました**」⇒山本先生が小林先生に 電話する

・「どこの 国の 人が 何人 来るか 教えて もらいたいそうです」⇒(山本先生から) (小林先生に) 知らせて ほしいと 聞きました。

・「どこの 国の 人が 何人」⇒国と 人の 数

ことばと表現

□**交流会：**social gathering ／交流会／ buổi giao lưu

もんだい5（中文）

「大切な もの」

25 正答3　26 正答2　27 正答3

大切な もの

アチラ・カトクルンダゲー

３日前の 夜遅く、私は コンビニで 食べ物を 買ってから 家に 帰りました。家に 着いて、かばんを 開けて びっくりしました。さいふが なかったのです。安い さいふでしたが、中には いろいろな カードと アルバイトの 給料が 入って いました。どれも、なくなったら、とても 困る ものです。

私は すぐ 家を 出て、友達と いっしょに さいふを 探しましたが、見つかりませんでした。

つぎの 日、学校で 先生に 相談して、家の 近くの 交番へ 行きましたが、やっぱり だめでした。

悲しくて 泣いて いたとき、先生から 電話が かかって きました。山本さんと いう 男の人が、コンビニの 近くで さいふを ひろった そうです。そして、学校の ID カードを 見て、学校に 電話して くれたのです。私は その 日の 夜、コンビニの 前で 山本さんに 会う 約束を しました。

山本さんは やさしそうな 人でした。そして、私に さいふを 渡して、「ちゃんと 入ってるか、中を 見て みて ください。」と 言いました。お金も カードも、ぜんぶ そのままでした。私は 「本当に ありがとう ございます。」と お礼を 言いました。

家に 帰って さいふを 見て、山本さんの 顔を 思い出して 温かい 気持ちに なりました。私も、だれかの 落とし物を ひろったら、（　　　）と 思いました。

25
「なくなったら、とても困るもの＝大切なもの」と 理解しましょう。タイトルも ヒントに なります。
「やっぱり だめでした」は「やっぱり（さいふは）見つかりませんでした」と いうことです。　**3**○

26 さいふの 中に 学校の ID カードが あったから。⇒学校に 連絡すれば、アチラさんに 伝わると 思った。　**2**○
「学校に 持って 行く」とは 書かれて いない。　**1**×
学校が 探して いるか どうか、わからない。　**3**×

27 前の 文は「山本さん（の したこと）が "私" を 温かい 気持ちに させて くれた」と いう 内容。これが ヒント。「私も」の あとには「だれかと 同じように〜」と いう 内容が 来る。　**3**○

ことばと表現

□給料：salary ／工资／ lương
□交番：police box ／派出所／ đồn công an
□思い出す：recall ／想起来／ nhớ ra

もんだい６（情報検索）

「日本文化教室」

28 正答１　29 正答１

留学生の みなさん、日本文化を 習いませんか！

	名前・内容	日・時間	料金
①	華道 季節の お花を かざります。華道の ルールを 学びながら、楽しく お花をかざりましょう。	第２、第４木曜日 18時～19時	１回800円
②	日本料理 季節の 野菜を 使った 日本料理を 作ります。作った料理を食べながら、おしゃべりしましょう。	第１土曜日 10時～13時	１回2000円
③	柔道 子どもからお年寄りまで通っています。はじめから、ていねいに教えます。	毎週 火曜日 18時～20時	１か月2000円 服の せんたく料金：１回200円
④	書道 好きな ことばを 筆で 書いて みましょう。字が 上手になりますよ。	毎週 月曜日 18時～19時	１回600円
⑤	日本舞踊 着物を着ておどります。日本の 歌も 歌います。	第１、第３水曜日 17時～19時	１か月2500円 着物は 無料で お貸しします
⑥	茶道 お茶の 作り方や 飲み方を おぼえましょう。おいしい お菓子も ありますよ。	毎週 土曜日 16時～17時	１か月2200円

＊どれも５週目は お休みです。
＊１か月の 料金が 書いて あるものは、もし、１回休んでも、１か月の 料金を払います。

やってみたいものが あれば、こちらに お電話を！
(032) 399−5429

留学生と 学ぶ会 会長　山田 敏明

28 １か月に かかる お金を くらべましょう。

①：800円×２回（第２、第４木曜日）＝**1600円**
②：2000円×１回（第１土曜日）＝2000円
③：2000円（１か月）＋200円（洗たく代）×４回（毎週 火曜日）＝2800円
④：600円×４回（毎週 月曜日）＝2400円
⇒ **1600円**の ①が 一番 安いです。

29 だめな ものに 線を 引いて、表を 見ましょう。

②：体を 動かしません。○
アルバイトの 前に あります。○
③：アルバイトの 時間ではありません。○
でも、体を 動かします。×
⑤：アルバイトの 時間では ありません。○
でも、体を 動かします。×
⑥：体は 動かしません。○
でも、アルバイトが あります。×
⇒問題ないのは ②です。

ことばと表現

□**華道**：花を きれいに かざることを 学びます。
□**おしゃべりする**：会話を 楽しみます。
□**書道**：筆を 使って きれいな 字を 書く 技術を 学びます。
□**日本舞踊**：日本の 伝統的な おどりを 学びます。

聴　解

もんだい１（課題理解）

れい　正答２

1st 03

〈話者が これから どうするか〉を 問う 問題。

男の人と 女の人が 話して います。男の人は、この あと まず、どこに 行きますか。

M：ちょっと 本屋に 行って くるね。
F：あっ、じゃあ、朝食用の パンを 買って きて くれない？
M：よく 行く 駅前の パン屋？
F：あそこまで 行かなくて いいよ、遠いから。ABC スーパーで いいよ。普通の トースト用の パンで いいから。
M：わかった。
F：ああ、だから、コンビニでも いいよ。
M：うん。じゃあ、帰りに 寄るよ。

男の人は、この あと まず、どこに 行きますか。

1　パン屋
2　本屋
3　コンビニ
4　スーパー

「本屋に 行った 帰りに（スーパーか コンビニに）寄る」と いう 意味です。⇒「まず、先に 本屋に 行く」ことを 理解しましょう。

ことばと表現

□～用：～の ため。
□駅前：駅の すぐ そば。
□トースト：toast ／烤面包／ bánh mì nướng

1ばん　正答3

〈話者が これから どうするか〉を 問う 問題。

1st 04

大学で 先生が 授業で 話して います。学生は いつ レポートを 出さなければ なりませんか。

M：えー、みなさん。先週と 今週の 授業で、日本の お祭りに ついて 話して きました。次は、授業で 勉強した 町の お祭りに ついて、もっと **詳しく** **調べて**、レポートを 書いて ください。レポートは 次の 授業の時までに 出して ください。あ、ごめんなさい、来週月曜日は **祝日**で 授業が ないですね。では、火曜日に しましょう。火曜日の 12時までに **直接** 私の 部屋に 持ってきてください。再来週の 授業のときに 持って きても だめです。間違えないで くださいね。

> 来週の 月曜日は 休みです。　1・2×

> 火曜日の 12時までに 出します。　3○

> 再来週の 授業では だめです。　4×

学生は いつ レポートを 出さなければ なりませんか。

1　来週の　月曜日の　授業の時まで
2　来週の　月曜日の　12時まで
3　来週の　火曜日の　12時まで
4　再来週の　月曜日の　授業の時まで

ことばと表現

□**詳しく**：in detail ／详细／ chi tiết
□**調べる**：investigate ／调查／ điều tra, tra cứu
□**祝日**：holiday ／节假日／ ngày lễ
□**直接**：directly ／直接／ trực tiếp

2ばん　正答4

〈話者が 相談して 決まったこと〉を 答える 問題。　1st 05

男の人と 女の人が 話して います。二人は 息子に 何を 習わせますか。

F：ねえ、たろうは もうすぐ 小学生になるし、何か 習わせたいと 思うんだけど。

M：そうだなあ。スポーツが いいんじゃないかな。サッカーとか。

F：サッカーは、いつも 友達と 公園で やってて、それで 楽しそうだよ。習わなくても いいと 思う。私は スポーツより 音楽が いいと 思うなあ。ピアノは どう？

M：ピアノは うちで 練習させるのが 大変だよ、音の 問題で。それに、ピアノを 買わなければ ならないし。高いじゃない。ぼくは やっぱり スポーツを させたいよ。水泳は どう？

F：そうねえ。泳げるように なったほうが いいと 思うけど……。でも、やっぱり 音楽を させたいなあ。

M：じゃあ、ダンスは？ 体も 使うし、音楽も 楽しめるし。

F：そうだね。じゃあ、たろうに 話して みよう。

お母さんは「サッカーは 習わなくても いい」と 思って います。**1×**

お父さんは ピアノは いろいろ 問題が あって、難しいと 思って います。**3×**

スポーツと 音楽の いいところが ありますから、ダンスに します。（お父さんは スポーツが いい、お母さんは 音楽が いい、と 思って います。）**4○**

二人は 息子に 何を 習わせますか。

ことばと表現

□習う：learn ／学习／ học

□水泳：swimming ／游泳／ bơi

□体を 使う：運動する。動いて 仕事を したり、スポーツを したり する。

3ばん　正答1

〈話者が 何を するか〉を 問う 問題。

1st 06

会社で 男の人と 女の人が 話して います。男の人は これから 何を 持って 行きますか。

F：１時からの 会議の 準備は できて いますか。
M：はい。机や いすは 並べて おきました。パソコンも 準備して あります。
F：そうですか。資料は コピー しましたか。
M：はい。もうコピーしてあります。
F：じゃあ、会議室に 持って 行って、机の 上に 並べて おいて ください。
M：わかりました。飲み物も、いつもの ように インスタントの コーヒーと ポットを 用意して おこうと 思います。
F：あ、今日は コーヒーは いいです。今日の 会議は 時間が 短い ですし、飲み物が ほしい 人は 自分で 用意するように して くださいと 連絡して ありますから。
M：そうですか。わかりました。

男の人は これから 何を 持って 行きますか。

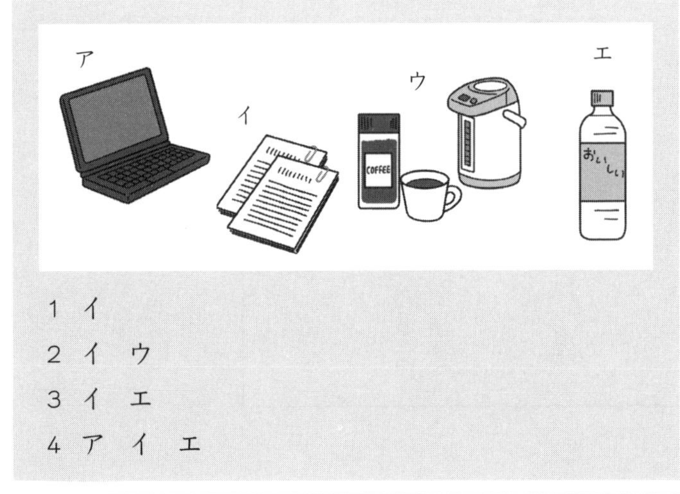

1 イ
2 イ ウ
3 イ エ
4 ア イ エ

パソコンは 用意して ある。
パソコン（**ア**）⇒持って 行かなくて いい

コピーした 資料を 会議室に 持って 行って 並べる。
資料（**イ**）⇒持って 行く

今日は コーヒーは いらない。
コーヒー（**ウ**）⇒持って 行かない

飲み物は 自分で 用意する。
飲み物（**エ**）⇒持って 行かない

ことばと表現

□**並べる**：line up ／排列 / 摆放／ sắp xếp
□**資料**：document ／资料／ tài liệu
□**連絡**(する)：to contact ／联系／ liên lạc

4ばん　正答2

〈話者がこれからすること〉を答える問題。

店で、女の人が母親と話しています。女の人はどんなかっこうで行きますか。

F$_1$：ねえ、友達の結婚式に着ていく服、どっちがいいと思う？
F$_2$：どっちもすてきだけど、青いほうがいいと思うよ。
F$_1$：そう？　こっちの白いほうが明るい色でいいかなと思ったんだけど。
F$_2$：結婚式は結婚する奥さんのドレスが白いでしょう？だから、同じじゃないほうがいいんだよ。
F$_1$：へえ。じゃあ、こっちにしよう。
F$_2$：でも、これだけだとやっぱり暗いから、胸に花のかざりをつけるのはどう？
F$_1$：いいねえ。ピンクがいいかな。かばんも花と同じ色にしようかな。
F$_2$：そうね。いいと思うよ。

結婚する女の人が白を着る⇒ほかの人は白を着ないほうがいい。　**3・4×**

胸にピンクの花をつけます。かばんもピンクです。　**2○**

女の人はどんなかっこうで行きますか。

ことばと表現

□**すてき(な)**：wonderful／迷人的 / 出色的／ tuyệt vời
□**明るい**：bright／明亮／ sáng
□**暗い**：dark／黑暗／ tối
□**かざり**：decoration／装饰／ đồ trang trí

5ばん　正答4

〈話者が これから どうするか〉を 問う 問題。

1st 08

男の人と 女の人が 話して います。男の人は これから どこを 片づけますか。

M：引っ越しの準備、どう？　進んでる？

F：うーん……なかなか進まない。例えば、このアルバム。見始めると、止まらなくて。

M：あー、わかるよ。じゃ、ぼくは 台所を 片付けようか。皿とか コップとか、物が 多いから。

F：ありがとう。でも、ごはんを 作らないといけないから、食器とかは 後で しようと 思ってるの。

M：そう。じゃ、自分の 部屋を 片付けようかな。昨日 がんばったから、そんなに 残ってないし。

F：できれば、玄関を してほしいな。くつなら、自分が はくものだけ あれば いいでしょう？

M：わかった。じゃ、そうするよ。

女の人「できれば、玄関を して ほしいな」→男の人「じゃ、そうするよ」と いう 会話からわかる。　4○

男の人は これから どこを 片づけますか。

1 二人が いる へや
2 だいどころ
3 じぶんの へや
4 げんかん

ことばと表現

□**なかなか〜ない**：not quite ／很难〜／ mãi mà không ~

□**アルバム**：album ／影集／ album　㊖ album から。

□**〜ないと いけない**：〜なければ ならない。

□**食器**：tableware ／餐具／ bát đĩa

□**そんなに〜ない**：not so much ／不那么〜／ không ~ đến thế

□**できれば**：if you can ／可能的话／ nếu được

6ばん　正答 1

〈話者が これから どうするか〉を 問う 問題。

1st 09

会社で、男の人と 女の人が 話して います。女の人は これから 何を しますか。

M：佐藤さん、金曜日の 1時からの 会議、部長が その時間は 都合が 悪いから 少し 時間を 遅くして くれないかって。
F：わかりました。ほかの 人の 予定を 聞いて みます。
じゃ、会議室も、もう一度 予約した ほうが いいですね。
M：うん。でも、それは 時間が 決まってからで いいよ。
F：わかりました。今朝 いただいた 資料は コピーして 明日 配ります。
M：いや、あの 資料は いいよ。あとで みんなに メールで 送るし、必要な 人が、自分で 用意すれば いいから。
F：わかりました。

女の人は これから 何を しますか。

1 ほかの 人の よていを かくにんする
2 かいぎしつを よやくする
3 しりょうを コピーする
4 みんなに メールを おくる

まず、ほかの 人の 予定を 聞いて、もう一度、時間を 決めます。 1○

(会議室の 予約は) 時間が 決まってからで いい。 2×

「あの 資料は いいよ」の「いい」は「いらない、必要ない」と いう 意味。 3×

「メールで (資料を) 送る」のは 佐藤さん。女の人では ない。 4×

ことばと表現

□都合：circumstances ／情况／ điều kiện
□予定：schedule ／预定／ dự định

7ばん　正答2

〈話者が これから どうするか〉を 問う 問題。

日本語学校の 先生と 男の 学生が 話して います。留学生は みんな 必ず 何を 用意しなければ なりませんか。

F：来週の水曜日は 小学校で 自分の 国の 文化を 紹介することに なって いますね。パソコンは 学校で 用意しますから、持って くる 必要は ありません。みなさんが 用意しなければ ならないのは、自分で 作った 資料の データです。月曜日までに、忘れずに 私に 送って ください。

M：先生、ビデオを 見て もらうことも できますか。国で とった ビデオです。

F：できますよ。たぶん 5分くらいしか 紹介できないと 思うけど。でも、喜んで もらえそうですね。

M：自分の 国の 服を 着て、子どもたちに 見せるのは どうですか。

F：それも いいですね。用意できるなら、持って きて ください。

留学生は みんな 必ず 何を 用意しなければ なりませんか。

1　パソコン
2　しりょうの データ
3　国で とった ビデオ
4　国の ふく

問題の 質問文と 同じ 意味の ことを 言って います。このあとに 答えが あります。　**2○**

ビデオは、この 男の学生の アイデア。みんなが 用意するものでは ありません。　**3×**

「用意できるなら」なので、必ず 用意するものでは ありません。　**4×**

ことばと表現

- □**資料**：document ／资料／ tài liệu
- □**データ**：data ／数据／ số liệu
- □**忘れずに**：忘れないように。
- □**喜ぶ**：be glad, be pleased ／高兴／ vui mừng

8ばん　正答3

〈話者が これから どうするか〉を 問う 問題。

1st 11

旅館で、二人の 女の人が 話して います。二人は これから 何を しますか。

F_1：この後、どうしようか。晩ごはんが 6時からだから、まだ 少し 時間あるよ。

F_2：この お茶 飲んだら、散歩に 行く？　この 近くには、歴史の ある 建物が たくさん あるらしいよ。

F_1：いいね。あ、でも、さっき 旅館の 人が 話してたんだけど、今夜は 近くの 神社で お祭りが あるんだって。晩ごはんを 食べてから 出かけるのは どう？

F_2：そうなんだ。いいね。そうしよう。

F_1：じゃ、その 前に、1階の ロビーで おみやげを 見たいなあ。

F_2：もちろん。それで、時間が あったら、この 周りを ちょっと 散歩しよう。

二人は これから 何をしますか。

「晩ごはんを 食べてから（お祭り＋散歩に）出かける」「その（＝晩ごはん）前に おみやげを 見たい」と 言って います。

【おみやげを 見る⇒（時間が あれば ちょっと 散歩する）⇒晩ごはんを 食べる⇒お祭りに 行く＋散歩する】の順。

3○

散歩に 行くのは「晩ごはんを 食べてから」か「おみやげを 見た あと、時間があ ったら」。

1×

ことばと表現

□**歴史**：history ／历史／ lịch sử

□**建物**：building ／建筑／ tòa nhà

□**神社**：shrine ／神社／ đền thờ

□**(お)祭り**：festival ／传统节日活动／ lễ hội

□**ロビー**：lobby ／大厅／ sảnh

もんだい2（ポイント理解）

れい　正答3

〈話者が そうした 理由〉を 答える 問題。

1st 13

男の 学生と 女の 学生が 話して います。女の 学生は、どうして アルバイトを やめましたか。

M：アルバイトをやめたんだって？
F：うん。
M：お金は 結構 よかったんでしょ？
F：うん、よかったよ。おかげで 留学する ための お金も できたし。
M：じゃあ、なんで？
F：最近、勉強の ほうが 大変に なって きちゃって……。
M：そうなんだ。

女の 学生は、どうして アルバイトを やめましたか。

1 しごとが たいへんだから
2 アルバイト代が 安いから
3 べんきょうが いそがしく なったから
4 りゅうがくを することに なったから

「お金は 結構 よかった？→うん、よかった。」から、「アルバイト代は 問題ない」ことがわかります。　2×

「勉強が 大変に なってきて（アルバイトを 続けるのが 難しく なった）」と 言って いることを 理解しましょう。ここでは理由だけを 言って います。

ことばと表現

□〜（んだ）って？：「〜って」は 伝え聞いたことを 表す。「〜って？」は「〜と 聞いたけど、それは 本当？」と いう 意味。「〜んだ」は、驚いたり 感心したり する 気持ちを 表す。
□なんで？：どうして？

1ばん　正答3

〈話者が そうなった 理由〉を 答える 問題。

1st 14

男の 学生と 女の 学生が 話して います。男の 学生は どうして 遅れましたか。

F：おはよう。さっきの 授業、遅れて 来たけど、どうしたの？ 今日は 休みかと 思ったよ。きのう、風邪ひいたかもしれないって言ってたから。
M：うん。のどは ちょっと 痛いけど、大丈夫だよ。
F：じゃあ、どうして？
M：実は、いつものバスに乗れなくて……。
F：朝 起きるのが 遅かったの？
M：いや、そうじゃなくて、人が 多かったんだよ。
F：え？
M：今日、電車が 止まってて……。いつもは 電車に 乗る 人が バスに たくさん 並んだんだよ。
F：そうか。大変だったね。
M：なかなか乗れないから、走って行こうかと思ったよ。
F：ちょっと遠いよね。
M：そうだね。

男の 学生は どうして 遅れましたか。

1　かぜを ひいたから
2　朝 起きるのが おそかったから
3　電車が 止まって いたから
4　走って きたから

電車が 止まり、いつもは 電車に 乗る 人も、バスに 乗ることに なった。⇒人が 混んで、バスに 乗るのが 遅くなった。　**3**○

ことばと表現

□**のど**：throat ／嗓子／ cổ
□**並ぶ**：line up ／排列／ xếp thành hàng

2ばん　正答2

〈話の ポイントが 何か〉を 答える 問題。 1st 15

先生が 生徒の かいた 絵を 見て 話して います。この 絵の いい ところは 何ですか。

M：えー、今回の 絵の テーマは「花を 育てよう」ですね。ほとんどの 人が 花に 水を やったり、花を 植えたりして いる 絵を かいて います。でも、この 絵は、真ん中に 大きく きれいに 咲いた 花が あって、その まわりで 子供たちが 笑ったり おどったりして います。いっしょうけんめい 世話を した 花が やっと 咲いて、うれしそうですね。テーマは「花を 育てよう」ですが、育てて いる ところでは なく、咲いて いる 花と 喜んで いる 自分たちを かいて います。それでも、花を 育てる 大変さと 楽しさが よく わかる いい 絵ですね。

この 絵の いい ところは 何ですか。

1　花を 育てて いる ようすを かいて いる ところ
2　花を 育てる 大変さと 楽しさが 伝わる ところ
3　咲いて いる 花だけを かいて いる ところ
4　子どもらしく、元気よく 絵を かいて いる ところ

ほかの 人は 花を 育てて いる 様子を かいて いるが、この 人は かいて いない。 **1×**

「花を 育てる 大変さと 楽しさが よく わかる」のがいい、と 言って います。 **2○**

ことばと表現

□**テーマ**：theme ／题目／ chủ đề
□**育てる**：nurture ／培养／ nuôi
□**やる**：あげる。
□**植える**：plant ／种植／ trồng
□**真ん中**：middle ／中间／ chính giữa
□**咲く**：bloom ／开花 ／ nở

3ばん　正答3

〈話のポイントが何か〉を答える問題。

1st 16

男の人と女の人が話しています。女の人はレストランの何がおもしろいと言っていますか。

F：ねえ、新しく駅前にできたレストラン、行った？
M：ううん、まだ。田中さんはもう行ったの？
F：うん、行ったよ。おもしろかったよ。
M：おもしろかった？　おいしかったじゃなくて？
F：うん、味もよかったよ。ハンバーグを食べたけど、おいしかった。でも、それだけじゃないんだよ。
M：店員のサービス？　歌を歌ってくれるとか？
F：店員じゃないけど、サービスがおもしろいんだよ。
M：どういうこと？
F：ロボットが料理を運んでくれるの。テーブルとかいすにぶつからないように、上手に持ってくるんだよ。
M：へえ。
F：ロボットが料理を持ってきて、それを受け取るの。
M：へえ、それは楽しいね。ぼくも今度行ってみよう。

女の人はレストランの何がおもしろいと言っていますか。

1　自分でハンバーグをつくること
2　店員が歌を歌ってくれること
3　ロボットが料理をはこぶこと
4　ロボットが料理を作ること

店員は歌を歌いません。おもしろいのは店員のサービスではありません。　**2×**

「どういうこと？」という質問に「ロボットが料理を運んでくれる」と答えています。　**3○**

ことばと表現

□**ぶつかる**：collide ／撞／ va chạm
□**受け取る**：receive ／收到／ nhận

4ばん　正答3

〈話者が そうした 理由〉を 問う 問題。　1st 17

男の人と 女の人が 話して います。男の人は、どうして お弁当を 作って きますか。

M：田中さん、お昼は お弁当ですか。
F：はい、料理が 好きで、いつも たくさん 作って しまうんです。これも きのうの 夜、作ったものです。鈴木さんも お弁当ですか。
M：ええ。私は 料理は 得意じゃないんですけどね。親が よく、やさいや くだものを 送って くれるんですよ。趣味で 作って て。捨てたり したくないので、お弁当にも 使うように して いるんです。
F：そうなんですね。
M：今度 送って きたら、少し 持って きますね。
F：ほんとですか!? ありがとうございます。お店のものより、きっと おいしいでしょうね。
M：ええ、おいしいと 思いますよ。

男の人は、どうして お弁当を 作って きますか。

1 料理を するのが 好きだから
2 いつも 料理を 作りすぎるから
3 家に ある やさいなどを 使いたいから
4 店で 売って いる お弁当より おいしいから

「いつも たくさん 作って しまう」のは 女の人。
1 ×

やさいを 捨てたくない。
⇒お弁当にも 使う。
3○

ことばと表現

□**やさい**：vegetable ／蔬菜／ rau
□**趣味**：hobby ／兴趣／ sở thích
□**捨てる**：dispose of ／扔掉／ vứt bỏ

5ばん 正答2

〈話者がそうした理由〉を答える問題。

1st 18

女の人と男の人が話しています。女の人は、どうしてパソコンを買いますか。

F：パソコンを買いたいんだけど、今度の土曜日、いっしょに来てくれないかなあ。
M：いいけど、また買うんだね。こわれたの？
F：ううん。去年買ったのは調子いいよ。そうじゃなくて、弟が来月大学に入るから、お祝いに買ってあげようと思って。
M：へえ、そうなんだ。
F：弟が今持ってるのは、私が昔使ってたやつなんだけど、もう古いし。ちょうどいいなと思って。
M：なるほどね。

「こわれたか」という質問にNOと言っている。 1×

大学入学を祝うプレゼントにする。 2○

女の人は、どうしてパソコンを買いますか。

1 パソコンがこわれたから
2 おとうとにあげるから
3 あたらしいパソコンがほしいから
4 おとうとにとられたから

ことばと表現

□**調子(が)いい**：feeling good ／顺利／ trạng thái, tâm trạng tốt
□**お祝い**：祝うこと。祝って何かをプレゼントすること。
□**やつ**：もの。親しい人と話すときに使う言い方。

6ばん　正答2

〈話者の意見〉を問う問題。　1st 19

テレビで 男の人が インタビューで 話して います。男の人は これから 何を したいと 言って いますか。

M：私は 地震に 強い 社会を つくる ために、この 研究を 続けて きました。ただ、この 研究は 私一人で 終わらせては いけないと 思って います。だから、これからは 将来の 研究者を 育てて いきたいと 思って います。私一人では できる ことは 少ないですが、たくさんの 若い 人たちを 育てれば、もっと たくさんの新しい アイデアが 生まれ、新しい 技術が できると 思うのです。そうすることで、今より いい 社会に したいのです。

男の人は これから 何を したいと 言って いますか。

1　けんきゅうを つづけること
2　わかい 人を そだてること
3　アイデアを かんがえること
4　あたらしい ぎじゅつを もつこと

「(若い) 研究者を 育てたい」と いう ことを 言って います。　2○

「若い 人たちを 育てれば…新しい アイデアが 生まれ、新しい 技術が できる」⇒「～すれば…できる」と いう 形。アイデアや 技術は「したい こと」の 結果。　3・4 ×

ことばと表現

□地震：earthquake ／地震／ động đất

7ばん　正答3

〈話者の 意見〉を 問う 問題。

1st 20

女の人が ラジオで 話して います。女の人は、子どもを 育てるときに 大事な ことは 何だと 言って いますか。

F：親が 子どもの ことを 心配するのは **普通**の ことです。でも、心配しすぎて、子どもに **失敗させ**ないことは よく ありません。例えば、公園で 遊ばせたら、子どもが けがを するかもしれません。みなさんなら、どうしますか。もう 公園で 遊ばせませんか。子どもが 遊んで いる そばに ずっと いますか。私は、けがを しないように これからは どうしたら いいのか、子どもに 考えさせるのがいいと思います。子どもは、親が 思って いるより 強く 生きて いけると 思うのです。

「私は……が いいと 思います」は、考えを 表す 文の 形。　**3**○

女の人は、子どもを 育てるときに 大事な ことは 何だと 言って いますか。

1　子どもを ずっと みて いること
2　子どもを つよい からだに すること
3　子どもに どうしたら いいか かんがえさせること
4　子どもを あんぜんなところで あそばせること

ことばと表現

□**普通**：usually ／普通／ bình thường
□**失敗**(する)：to fail ／失败／ thất bại

もんだい３（発話表現）

〈その 場面で どう 言うのが いいか〉を 問う 問題。

れい　正答３

1st 23

久しぶりに 先生に 会いました。
何と 言いますか。

F：１　ようこそ。
　　２　失礼いたしました。
　　３　お久しぶりです。

ことばと表現

□**ようこそ**：歓迎の 気持ちを 表す 言葉。
□**失礼いたしました**：失敗して 謝るときの 言葉。
□**お久しぶりです**：「久しぶりですね」という 意味の ていねいな 表現。

１ばん　正答１

1st 24

授業の時、本を 忘れました。友達に 見せて もらいたいです。何と 言いますか。

M：１　ねえ、本を 見せてくれない？
　　２　あ、本を 見せてあげようか。
　　３　ごめん、本を 見ても いいよ。

ことばと表現

□**～てくれない？**：～てくれませんか。
□**～てあげようか**：～てあげましょうか。

２ばん　正答２

1st 25

美術館に 行く 道が わかりません。
何と 言いますか。

F：１　美術館へ 行ったことがありますか。
　　２　美術館は どうやって行ったらいいですか。
　　３　美術館に 行きたいと 思います。

美術館への 行き方を 聞く 表現を 選びます。

ことばと表現

□**～たことが ありますか**：経験を 聞く 表現。
□**どうやって～か**：方法を 聞く 表現。

3ばん　正答1

1st 26

友達の ポケットから、スマホが 少し 出ています。何と 言いますか。

M：1　ポケットから スマホが 落ちそうだよ。

2　ポケットから スマホが 落ちる みたいだよ。

3　ポケットから スマホが 落ちようと してるね。

〈ポケットから スマホが 少し 出て いる⇒スマホが ポケットから 落ちそうだ〉と いうことです。

ことばと表現

□**～そう**：もうすぐ～する。

4ばん　正答2

1st 27

来週の パーティーに 先生を 招待したいです。何と 言いますか。

F：1　先生、来週は パーティーが ございますよ。

2　先生、来週の パーティーに いらっしゃいませんか。

3　先生、来週の パーティーの 時間をご存じですか。

ことばと表現

□**ございます**：あります。

□**いらっしゃいませんか**：来ませんか。

□**ご存じですか**：知っていますか。

5ばん　正答3

1st 28

先生に 借りた 資料が 探しても ありません。先生に 何と 言いますか。

F：1　すみません、資料を いただけませんか。

2　すみません、資料を お借りしてもいいでしょうか。

3　すみません、資料をなくしてしまったんです。

ことばと表現

□**～てしまう**：失敗を したときなどの 残念な 気持ちや 後悔する 気持ちを 表します。

もんだい4（即時応答）

れい　正答2

F：Mサイズしか ありませんが、よろしいですか。

M：1　どうぞ。
　2　結構です。
　3　かしこまりました。

ことばと表現

□結構です：ここでは「それでいいです」。

1ばん　正答1

M：すみません、コーヒーと ケーキを お願いします。

F：1　はい、少々 お待ち ください。
　2　はい、お待たせしました。
　3　はい、ごゆっくり どうぞ。

ことばと表現

□少々 お待ちください：店員が 注文を 聞いた あとに 言う 言葉です。そのほか、客を 待たせるときに 広く 使われます。

□お待たせしました：店員が 料理を 持って きた ときに 言う 言葉です。

□ごゆっくりどうぞ：店員が 料理を 置いた あとに 言う 言葉です。

2ばん　正答2

M：あ、もう 5時ですね。いっしょに 帰りませんか。

F：1　すみません、お先に 失礼します。
　2　すみません、お先に どうぞ。
　3　すみません、お疲れ様でした。

ことばと表現

□お先に 失礼します：会社などで、先に 帰る ときに 言う 言葉です。

□お先に どうぞ：相手を 先に 行かせる ときなどに 言う 言葉です。

□お疲れ様でした：会社などで、だれかが 帰る ときに、その 人に 言う 言葉です。

3ばん　正答1

F：先生、頭が 痛いので、帰らせて いただけませんか。

M：1　いいですよ。お大事に。
　2　いいえ、まだ 帰りませんよ。
　3　そうですか。帰らせましょう。

ことばと表現

□～(さ)せて いただけませんか：「～すること」を 許可して ほしい ときに 使う 表現です。

□お大事に：病気や けがを して いる 人に 言う 言葉です。

4ばん　正答1

M：熱が なかなか 下がらないんです。

F：1　病院へ 行ったほうが いいですよ。
　2　じゃ、熱が 上がらないようにしましょう。
　3　下がらないですか。じゃ、お元気で。

「～たほうが いい」「～ないほうが いい」は よく 使う アドバイスの 表現です。

5ばん　正答3

M：テーブルに 置いて あった チョコレート、知らない？

F：1　もう 食べたの？
　　2　知らなかったよ。
　　3　私は 見てないけど。

「～を 知らない？」は、「～を 見ませんでしたか」と いう 意味で 使われることが あります。

6ばん　正答2

F：彼女、英語が 上手ですね。

M：1　そうですね。英語で いいと 思います。
　　2　アメリカに 留学したことが ある そうですね。
　　3　ええ。中国語が 得意なんですよ。

「～たことがある」は 経験を 表す 表現。ここでは、彼女の 経験に ついて 言って います。

7ばん　正答1

F：部長、今 ちょっと よろしいですか。

M：1　はい、何ですか。
　　2　はい、よかったです。
　　3　はい、今ですね。

「今（ちょっと） よろしいですか」は、相手の 都合を 聞くときに よく 使う 表現です。

8ばん　正答2

F：お一人で いらっしゃったんですか。

M：1　はい、私 一人で いらっしゃいました。
　　2　いえ、友達と 来ました。
　　3　ええ。私は お一人が 好きなんです。

「いらっしゃる」「お一人」は 自分（私）には 使いません。

模擬試験 第2回 解答・解説

かいとう かいせつ

げんごちしき（もじ・ごい）

もんだい 1				
1	①	●	③	④
2	①	②	③	●
3	①	②	●	④
4	①	●	③	④
5	①	②	●	④
6	①	②	③	●
7	●	②	③	④
もんだい 2				
8	①	●	③	④
9	①	②	●	④
10	●	②	③	④
11	①	●	③	④
12	●	②	③	④
もんだい 3				
13	●	②	③	④
14	①	②	③	●
15	①	②	③	●
16	①	②	●	④
17	●	②	③	④
18	①	②	●	④
19	①	●	③	④
20	①	●	③	④

もんだい 4				
21	①	②	③	●
22	●	②	③	④
23	①	②	●	④
24	①	●	③	④
もんだい 5				
25	●	②	③	④
26	①	②	●	④
27	①	●	③	④
28	①	②	●	④

げんごちしき（ぶんぽう）・どっかい

もんだい 1				
1	①	②	●	④
2	●	②	③	④
3	①	②	③	●
4	●	②	③	④
5	①	●	③	④
6	①	②	③	●
7	①	②	●	④
8	①	②	●	④
9	①	●	③	④
10	①	②	③	●
11	●	②	③	④
12	①	●	③	④
13	①	②	●	④
もんだい 2				
14	①	②	●	④
15	①	●	③	④
16	●	②	③	④
17	①	②	③	●

もんだい 3				
18	①	②	③	●
19	①	●	③	④
20	①	②	③	●
21	●	②	③	④
もんだい 4				
22	①	②	●	④
23	①	●	③	④
24	①	②	●	④
もんだい 5				
25	①	②	③	●
26	●	②	③	④
27	①	●	③	④
もんだい 6				
28	①	②	③	●
29	①	●	③	④

ちょうかい

もんだい 1				
れい	①	●	③	④
1	①	●	③	④
2	①	●	③	④
3	①	②	③	●
4	①	②	●	④
5	①	②	③	●
6	①	②	●	④
7	①	●	③	④
8	①	●	③	④
もんだい 2				
れい	①	②	●	④
1	①	●	③	④
2	①	●	③	④
3	①	②	●	④
4	①	②	●	④
5	①	②	③	●
6	①	②	●	④
7	①	②	●	④

もんだい 3			
れい	①	②	●
1	●	②	③
2	①	●	③
3	①	②	●
4	●	②	③
5	①	②	●
もんだい 4			
れい	①	●	③
1	①	●	③
2	①	②	●
3	①	●	③
4	①	②	●
5	●	②	③
6	①	②	●
7	①	●	③
8	①	②	●

言語知識(文字・語彙)

もんだい1

1 正答2

□**太い**(ふと)：fat／粗／béo
▶□ **太**＝タイ／ふと－い、ふと－る
例 最近(さいきん)、太(ふと)りました。

2 正答4

□**夕方**(ゆうがた)：evening／傍晚／buổi chiều
▶□ **夕**＝ユウ 例 きれいな 夕日(ゆうひ)
▶□ **方**＝ホウ／かた、がた
例 駅(えき)は どちらの 方向(ほうこう)ですか。

3 正答3

□**工業**(こうぎょう)：industry／工业／công nghiệp
▶□ **工**＝コウ、ク 例 工夫(くふう)、工場(こうじょう)
▶□ **業**＝ギョウ、ゴウ／わざ 例 授業(じゅぎょう)

4 正答2

□**送る**(おく)：send／寄信 / 发邮件 / 寄东西／gửi
▶□ **送**＝ソウ／おく－る
例 友(とも)だちに メールを 送(おく)りました。

6 正答3

□**不便**(ふべん)：inconvenient／不方便／bất tiện
▶□ **不**＝フ、ブ 例 不足(ふそく)、不要(ふよう)、不安(ふあん)
▶□ **便**＝ベン、ビン／たよ－り
例 便利(べんり)、郵便局(ゆうびんきょく)、航空便(こうくうびん)

8 正答4

□**兄弟**(きょうだい)：brothers／兄弟姐妹／anh em
▶□ **兄**＝キョウ、ケイ／あに
例 兄(あに)と 姉(あね)が います。
▶□ **弟**＝ダイ／おとうと
例 弟(おとうと)と けんか しました。

7 正答1

□**通る**(とお)：pass through／通过／đi qua
▶□ **通**＝ツウ／とお－る、とお－す、とお－り
例 交通(こうつう)、にぎやかな 通(とお)り

もんだい2

8 正答2

□**考える**(かんが)：think／想 / 思考／suy nghĩ
▶□ **考**＝コウ／かんが－える
例 将来(しょうらい)を 考(かんが)える

9 正答3

□**点**：point(s)／分数／điểm
▶□ **点**＝テン／つ－ける
例 100 点(てん)を 取(と)る

10 正答1

□**空気**(くうき)：air／空气／không khí
▶□ **空**＝クウ／そら 例 青(あお)い空(そら)
▶□ **気**＝キ 例 空席(くうせき)、元気(げんき)な 子(こ)ども

11 **正答2**

□**鳥**：bird ／鸟／ chim

▶□ **鳥**＝チョウ／とり　例 野鳥、小鳥

12 **正答1**

□**建てる**：build ／建／ xây dựng

▶□ **建**＝ケン／た-つ、た-てる

例 建築家、家を 建てる

もんだい３

13 **正答1**

□**研究**：(to) research ／研究／ nghiên cứu

例 兄は 大学で、経済に ついて 研究して います。

他のせんたくし／ Other options

2 **招待**
例 彼らを パーティーに 招待します。

3 **質問**　例 先生に 質問しました。

4 **相談**
例 留学する とき、親に 相談しました。

14 **正答4**

□**寂しい**：lonely ／寂寞／ buồn

例 寂しい ときは、母に 電話を かけます。

他のせんたくし／ Other options

1 **苦い**　例 苦い 薬

2 **怖い**　例 怖い 映画

3 **おかしい**　例 おかしい 顔を する。

15 **正答4**

□**きっと**：probably ／一定／ chắc chắn

例 きっと 明日は 雨だろう。

他のせんたくし／ Other options

1 **特に**　例 特に これが 売れて います。

2 **十分**　例 飲み物は 十分に 用意して あります。

3 **たまに**　例 たまに カラオケに 行きます。

16 **正答3**

□**ポスト**：mailbox ／邮箱／ thùng thư

例 この はがきを ポストに 入れて 来て くれる？

他のせんたくし／ Other options

1 **ゴール**　例 最後まで 走って、ゴール できた。

2 **ホーム**　例 駅の ホームで 知り合いに 会いました。

4 **リスト**　例 買う物の リストを 作ります。

17 **正答1**

□**比べる**：compare ／比较／ so sánh

例 値段を 比べて、安い 方を 買います。

他のせんたくし／ Other options

2 **並べる**　例 玄関に くつを 並べます。

3 **調べる**　例 言葉の 意味を 調べます。

4 **すべる**　例 床が 濡れて いて、すべった。

18 **正答3**

□**わがまま**：selfish ／任性／ ương bướng, ích kỉ

例 彼は わがままな 性格だ。

他のせんたくし／ Other options

1 **正確**　例 あの 時計は 正確です。

2 **安全**　例 飛行機は 安全な 乗り物です。

4 **得意**　例 夫は 料理が 得意です。

19 **正答2**

□**キロ**：kilogram; kilometer ／公斤／ ki lô

例 東京から 大阪までは 約 400 キロです。

他のせんたくし／ Other options

1 **メートル** 例 500 メートル 泳ぎました。

3 **センチ** 例 髪を 15 センチ切りました。

4 **リットル** 例 毎日 水を 1 リットル 飲みます。

20 **正答2**

□**線**：line ／线／ đường thẳng

例 大事な 部分に 線を 引きます。

他のせんたくし／ Other options

1 **色** 例 明るい 色の 服が 好きです。

3 **角** 例 次の 角を 左に 曲がって ください。

4 **箱** 例 箱に マンガの 本が いっぱい 入って います。

もんだい4

21 **正答4**

「すむ」は「終わる」と いう 意味です。

22 **正答1**

「ひどく なる」は「程度が 強く なる」「悪く なる」ことを 表します。

23 **正答3**

「払う」は「お金を 出す」と いう 意味です。

24 **正答2**

「できる」は「完成する」と いう 意味です。

もんだい5

25 **正答1**

□**中止**：(to) stop／中止 / 停止／ hủy, ngưng

例 台風で 旅行が 中止に なった。

他のせんたくし／ Other options

2 休みの 時間、3 途中、4 間、などが 適当です。

26 **正答3**

□**無理**：impossible ／无理的／ vô lí

例 この 仕事は 私には 無理です。

他のせんたくし／ Other options

1 複雑、2 残念、4 無い、などが 適当です。

27 **正答2**

□**システム**：system ／系统／ hệ thống

他のせんたくし／ Other options

1 ルール (rule)、規則　3 プラン (plan)、計画、4 スケジュール (schedule)、予定、などが適当です。

28 **正答3**

□**いっぱい**：lots ／很多／ đầy ắp, nhiều

他のせんたくし／ Other options

1 ちょうど、2 一度も、4 1 台、などが 適当です。

言語知識（文法）・読解

文法

もんだい1

1 正答3

□**～で**：方法などを 表す 前置詞。a preposition indicating method and more／表示方法的前置词／từ đứng trước có ý nghĩa chỉ phương pháp

例 毎晩、家族全員で 晩ご飯を 食べる。

他のせんたくし／Other options

1 夏休みに イギリスへ 行く 予定だ。
2 妹に お菓子を あげた。
4 リモコンを 取って くれる？

2 正答1

□**～でしょう**：動詞などに 付いて、推量を 表す。expresses a guess when placed with verbs and more／表示推测（～吧）／đi kèm với động từ có ý nghĩa phỏng đoán

例 ケンさんは 今、家に いるでしょう。

他のせんたくし／Other options

2 あの 人は この 会社の 社員では ない。
3 今 起きた ところだ。
4 彼と 知り合ったのは 大学生の 時です。

3 正答4

□**～ながら～**：while ~ing／一边～一边／vừa ~

例 音楽を 聞きながら 勉強します。

他のせんたくし／Other options

1 この 件は、タンさんに 聞けば、わかります。
2 明日は 早く 起きようと 思います。
3 彼女は とても 楽しそうに 笑って います。

4 正答1

□**～かもしれない**：may be ~／也许～／可能～／chắc là ~

例 だれも 来て いない。待ち合わせの 時間を 間違えたかもしれない。

他のせんたくし／Other options

2 来月 新しい車を 買うつもりだ。
3 アリさんは ギターを 弾くことが できる。
4 明日までに 宿題を 出さなければ いけない。

5 正答2

□**～ば**：仮定を 表す expresses a hypothesis／表示假设／có ý nghĩa giả định

例 ゆっくり 考えれば、わかります。

他のせんたくし／Other options

1 空が 晴れているのに、雨が 降って いる。
3 パンを 2つ 買うと、もう 1つ もらえます。
4 彼は 歌手の ように 歌が 上手です。

6 正答4

□**尊敬語** honorific language／敬语／kính ngữ
例 社長が いらっしゃいました。

他のせんたくし／Other options

2 こちらを ごらんください。
3 もっと おめしあがりに なりますか。

7 正答3

□(**基準**)**に**（どれくらい：数量）
＊基準 standard／标准／tiêu chuẩn
＊数量 amount／数量翻译／số lượng
例 一日に 5杯、コーヒーを 飲みます。

他のせんたくし／Other options

1 明日も 仕事を 休みます。
2 来年 国へ 帰ります。
4 友だちと ご飯を 食べに 行った。

8 正答3

□**～ようにする** make sure to ~／要~／cố gắng ~
例 健康の ために、お酒は 飲まない ようにして いる。

他のせんたくし／Other options

1 電気を つけた まま、寝て しまった。
2 今日は 冬みたいに 寒い。
4 この 車は とても 高そうだ。

9 正答2

□**～てあげる**
例 父の日に ケーキを 作って あげた。

他のせんたくし／Other options

1 部長を 駅まで 送って さしあげた。
3 同僚が 仕事を 手伝って くれた。
4 先生が 旅行の お土産を くださった。

10 正答4

□**～させる**（使役形）
例 妹に お風呂の 掃除を させた。

他のせんたくし／Other options

1 父は 毎朝、駅まで 車で 送って くれる。
2 子供の ころ、よく 母に 掃除を 手伝わされた。（使役受身形）
3 ペットの 犬に 携帯電話を 壊された。（受身形）

11 正答1

□**～らしい**
例 今年の 夏は 暑くなるらしい。

他のせんたくし／Other options

2「早く 起きなさい！」
3 この ボールペンは 書きやすい。
4 祖母には 長生き して ほしい。

12 正答2

□**A く／Na に V**
例 夜は 静かに しなければ ならない。

13 正答3

□**それで**
例 友達が 紹介して くれました。それで、彼と 結婚しました。

他のせんたくし／Other options

1 急いで 行ったけれど、電車に 間に合わなかった。
2 まだ 学生だけど、彼女は 会社の 社長です。

もんだい2

14 正答3

「撮影禁止」は、2ここで 4写真を 3撮るな 1という 意味です。

15 正答2

1キャンプに 3行く 2ために 4大きい 車を 借りました。

16 正答1

先生の 友だちの 3店で 4アルバイトを 1させて 2もらって います。

17 正答4

チケットが 2なく 1ても 4この ハガキを3見せれば 無料で 中に 入れます。

もんだい3

朝ねぼう

私は 今朝、ねぼうして しまった。[18]、きのう、夜遅く まで、スマートフォンで ドラマを 見て いたからだ。 明日も 学校が あるので、早く [19]と 思ったが、ドラマが だんだん おもしろく なって きて、見るのを やめることが できなかった。 そして、ドラマが 終わった あと、すぐに [20]が、なかなか 眠れなかった。それで、朝ねぼうを して、母に とても [21]。

18「～からだ」と、理由を 説明している

19「明日も 学校が ある」→「早く 寝る」

20「～が、なかなか 眠れなかった」と あるので、この 前は「寝ようとした」が 合う。

21「とても」と あるので、「起こす・起きる」は 合わない。怒って いるのは 母。

18 正答4

他のせんたくし／Other options

1 財布を 家に 忘れて きた。それで、友だちに お金を 借りた。
2 今朝、熱が あった。だから、今日は 会社を 休んだ。
3 この ジュースは 安い。それに、味も いい。

19 正答2

20 正答4

21 正答1

読解

もんだい4（短文）

(1)「新玉ねぎ」

22 正答3

どんな 季節にも お店に 並んで いる 玉ねぎですが、春に なると、「新玉ねぎ」と いう 名前の ものが 見られるようになります。とれる 時期は変わらないのですが、その あとが 違います。ふつうの 玉ねぎは周りが 乾いて 茶色く なってから 売られますが、新玉ねぎは すぐに 売られるのです。味も 食べた 感じも 少し 違います。新玉ねぎは 甘くて、やわらかいので、生でも おいしく 食べる ことが できるのです。ふつうの 玉ねぎとは 違う、新玉ねぎだけの おいしさを ぜひ 感じて みてください。

「とれる 時期は 変わらない⇒とれる 時期は 同じ」と 理解しましょう。
3○

ことばと表現

□並ぶ：line up ／排列／ xếp
□乾く：dry ／干／ khô
□生：life ／生／ sống

(2)「お泊まりバッグ」

23 正答2

兄は よく、仕事で 地方に 行く。たいていの 場合、行き先で 泊まることに なるので、いつでも 行ける ように「お泊まりバッグ」を 用意して いる。その 中には、下着や メガネなど、泊まるのに 必要な ものを 入れて いる。しかし、「お泊まりバッグ」は 便利だが、気を つけなければ ならない ことが ある。それは、ふだんの 仕事かばんと 間違えて しまう ことだ。この 前も、会社に 服が 入った ほうを 持って 行って しまった そうだ。気に入って いるのは わかるが、いつも 使う 仕事かばんと 色も 形も 同じに するのは やめた ほうが いいと 思う。

「～た ほうが いいと 思う」は アドバイスの 表現。
「お泊まりバッグ」と「いつも 使う 仕事かばん」を 間違えない ようにアドバイスしている。
〈「色も 形も 同じ」は やめたほうがいい〉
⇒色か 形を変える

他のせんたくし／ Other options

1→「お泊まりバッグ」を やめた ほうが いいとは 言って いない。
3→「ふだんの 仕事かばん」に 入れるものに ついては 言って いない。
4→「会社に 置く」と いうことは 言って いない。

ことばと表現

□**地方**：locality ／地方／ địa phương
□**行き先**：行く ところ。
□**泊まる**：stop/stay with ／住宿／ nghỉ lại
※「(お)泊まり」は「泊まること」。
□**バッグ**：かばん。
□**ふだん**：いつも。
□**気に入る**：to be pleased by ／称心 / 满意／ thích

(3)「友だちからのはがき」

24 正答3

これは 友だちからの はがきです。

> はるかさんへ
>
> おひさしぶりです。元気に して いますか。
> 沖縄に 住みはじめて 1か月が たちました。こちらの 生活にも 慣れて、週末には よく、きれいな 海で 泳いで います。最近は、近所の 人に沖縄料理の 作り方を 教わりました(今度は、沖縄の 楽器 の弾き方も教わります！)。
> 仕事の 関係で 急に こちらに 来ることに なって、最初は いろいろと 心配でしたが、今では こちらの 生活を 楽しんで います。夏休みには、ぜひ 遊びに 来てください。
>
> ○月○日　林たかこ

はがきの 文章には 理由を 表す「～から」などの 表現は ありません。しかし、「仕事の 関係で 急に こちらに 来る ことに なって」と いう 部分で、そうする ことに なった 理由を 説明して います。**3**○

〈週末に よく 泳いで いること〉〈料理の 作り方を 教わった こと〉〈近所の 人と 親しく して いる こと〉は 最近の 様子。沖縄で 暮らすように なった 理由では ない。

ことばと表現

□**おひさしぶりです**：長い あいだ 会わなかったときの あいさつ。
□**生活**：life ／生活／ sinh hoạt, cuộc sống
□**～に 慣れる**：to get used to ~ ／习惯～／ quen với ~
□**最近(は)**：recently ／最近／ gần đây
□**教わる**：教えて もらうこと。
□**楽器**：instrument ／乐器／ nhạc cụ
□**～の 関係で**：～の ために。～が 理由で。
□**急に**：suddenly ／急忙／ đột nhiên

もんだい5（中文）

「私の おばあちゃん」

25 正答4　26 正答1　27 正答2

私の おばあちゃん

マリー・ヒメネス

私の おばあちゃんの 名前は「優」です。でも、本当の おばあちゃんでは ありません。優さんは、となりの うちに 一人で 住んで います。ちょうど 1年前、学校の 帰りに 優さんが 声を かけて くれました。学校で 友だちと けんかを して、私は もう 学校に 行きたくないと 思って いました。でも、優さんが「それは 大変だったね」と 静かに 話を 聞いて くれて、そのうち、私は また、学校に 行く 気持ちに なりました。亡くなった 私の 本当の おばあちゃんも、静かに 私の 話を 聞いて、元気に して くれました。だから、今では、①優さんも 私の おばあちゃんだと 思って います。

そんな 優さんも 元気じゃない ときが あった そうです。それは、旦那さんが 亡くなった ときです。何も する 気持ちに なれなくて、毎日 庭を 見てばかりだったそうです。でも、ある日、庭の 桜が 咲いて いるのに 気づきました。桜は 旦那さんが 一番好きだった 花で、優さんは、旦那さんから「このままじゃ だめだよ」と いう メッセージだと 思った そうです。それから、優さんは（　　）。

優さんの 名前の「優」は、やさしいと いう 意味だそうです。優さんの うちには、近所の 人が 話を しに 来ます。そして、みんな いつも にこにこ して 帰って いきます。きっと ②優さんの 気持ちが そうさせて いるんだと 思います。

25「マリーさんに とって、本当の おばあちゃんが どんな 人だったか」が ポイント。
同じ ように「静かに 話を 聞いて、元気に して くれた」。 4○
「本当の おばあちゃんが 亡くなって、どんな 気持ちか」に ついては 書かれて いない。 1×
本当の おばあちゃんの 名前に ついては 書かれていない。 2×
本当の おばあちゃんも 優さんも、「静かに 人の 話を よく 聞く」人。 3×

26 「このまま」は「何も する 気持ちに なれなくて、毎日 庭を 見てばかり」で いる こと。 1○

26 「そう」は、「いつも にこにこして 帰って いく」こと。やさしい 優さんの どんな 気持ちが そう させているか、考える。 2○
優さんは「楽しくない 話」も 聞く。どんな 話も やさしく 聞く。 1×
「きれいな 桜を 見せたい」と いうことは 書かれていない。 3×
優さんは「静かに 話を 聞く」人。 4×

ことばと表現

□**おばあちゃん**：おばあさんの こと。
□**亡くなる**：死ぬ。　※特に、人に ついて 使う。
□**〜て ばかり**：〜だけを して、ほかの ことを しない。
□**このまま**：as is ／就这样／ cứ thế này
□**だめ(な)**：「よくない」と いう 意味

もんだい6（情報検索）

「アルバイト情報」

28 正答4　**29 正答2**

28 ②と③は午後の 仕事で、夜も 遅くない。
4○

ABC 日本語学校　アルバイト情報

仕事	場所	給料 / 1時間	時間	申し込み方法
① ホテルの そうじ	中村駅から 歩いて1分	930円 / 1時間 電車代1日500円まで	9：00～15：00 週に3日以上 働ける人	林 先生に話す
② ラーメン屋の キッチン	東 山駅の近く 学校から自転車で 15分	1050円 / 1時間 交通費はありません	16：00～20：00 金・土・日	電話 00-5298-1111 店 長
③ ファストフードの レジ	東 山駅の前	1000円 / 1時間 交通費がもらえます	14：00～19：00 月～日 週 3日以上 働ける 人	電話 00-8297-1983 店 長
④ お弁当の 工 場	ひかり台駅から バスで 20分	1100円 / 1時間 交通費はありません	8：00～17：00 週 2日以上 働ける 人	電 話 00-3324-5589 株式会社ハイ リターン
⑤ すし屋の キッチン	東 山駅の 近く ひかり台駅の 近く 中村駅の近く	1100円 / 1時間 交通費がもらえます	月～金 17：00～23：00 土日 11：00～20：00	林 先生に 話す
⑥ にもつはこび	東 山駅から バスで 20分	1220円 / 1時間	22：00～6：00 週 2日以上 働ける 人	林 先生に話す

29
②は 時間が 短いので×。
①は 朝が 早いので ×。

ことばと表現

□交通費：電車や バスに 乗る ときに かかる お金。

聴解

もんだい１（課題理解）

れい　正答２

※第１回と同じ（→ p.28 参照）

１ばん　正答２

〈話者が 何を するか〉を 問う 問題。

コンビニで 店の 人と 女の人が 話しています。女の人は 店の 人から 何をもらいますか。

M：いらっしゃいませ。
F：これと これを お願いします。
M：かしこまりました。こちらは 温めますか。
F：いえ、けっこうです。
M：おはしか フォークか、お付けしますか。
F：フォークを 二つ お願いします。それから、スプーンも １つ 付けて ください。
M：はい。ふくろは よろしいですか。
F：はい、だいじょうぶです。
M：かしこまりました。では、お会計、850 円に なります。

女の人は 店の 人から 何を もらいますか。

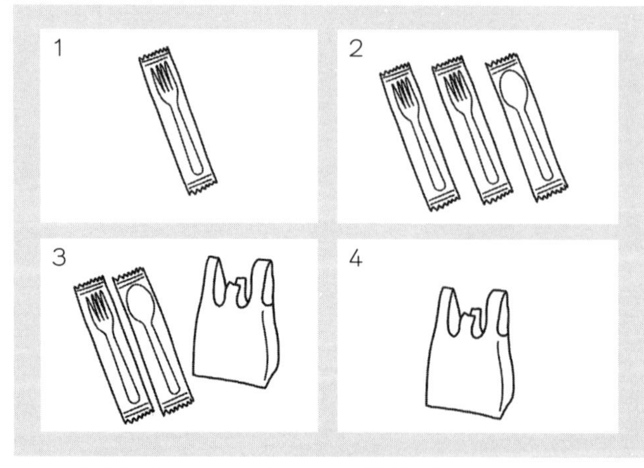

「だいじょうぶ」は「いい」と 同じです。まず、「OK」や「No problem.」の意味ですが、「No, thank you.」の 意味も あります。ここでは、「いらない」と 答えています。

ことばと表現

□かしこまりました。：わかりました。店員が よく 使う 丁寧な 表現。

□～は お付けしますか。：コンビニや スーパーなどで、レジ係の 店員が よく 使う 表現。はしや スプーンなどを 無料で つける サービスに ついて、客に 尋ねる。

□よろしい：「いい」の ていねいな 言い方。ここでは、「いらない、必要ない」と いう 意味。

2ばん　正答2

〈いつまでに するか〉を 問う 問題。

大学で 男の 学生と 先生が 話しています。男の 学生は いつまでに レポートを 出さなければ なりませんか。

M：先生、レポートに ついて ご相談が あります。

F：はい。なんでしょう。

M：来週まで お時間 いただけないでしょうか。

F：どうしたんですか。金曜日までに、と 言いましたが。

M：半分くらい 書けたんですが……。弟が 今日から 入院する ことに なって、いっしょに 病院に 行かなければ ならないんです。準備を したり、世話を したり するので、レポートを 書く 時間が あまり なくて……。

F：そういう ことですか。じゃ、来週の 授業の 前の 日までに 出してください。

M：ありがとうございます。火曜日ですね。

F：あ、火曜日は 休みの 日ですね。じゃ、早く なるけど、その前の 日までに お願いします。

M：わかりました。

火曜日は 休みの 日 ⇒祝日と とらえます。カレンダーを 見ると 21日が そうです。

火曜日の「前の 日」なので、月曜日です。

男の 学生は いつまでに レポートを 出さなければ なりませんか。

3

日	月	火	水	木	金	土
26	27	28	1	2	3	4
5	6	7	8	9	10	11
12	13	14	15	16	17	18
19	20	21 春分の日	22	23	24	25
26	27	28	29	30	31	1

1：15　2：20　3：21　4：22

3ばん　正答4

〈何を 持って 行くか〉を 問う 問題。

日本語学校で 先生が 話して います。留学生は 小学校に 何を 持って 行かなければ なりませんか。

F：皆さん。来週の 火曜日は 小学校へ 行って、子どもたちに 日本の ゲームを 教えて もらいます。皆さんには、自分の 国の 料理を **紹介して** もらいます。何か 料理の 写真を 準備して おいて ください。あ、それから、小学校の 建物の 中に 入る ときには、くつを ぬがなければ なりません。スリッパは 小学校に あるのを 使いますが、自分の くつを 入れる 袋が 必要です。コンビニの 袋などを 持って きて ください。お昼ご飯は 必要ありません。11時ごろに 終わって、また 学校に 帰ります。

写真：準備して おく
⇒持って 行く

スリッパ：小学校で 借りる⇒持って 行かない

ふくろ：(自分の くつを 入れる ために)持って きて ください
⇒持って 行く

留学生は 小学校に 何を 持って 行かなければ なりませんか。

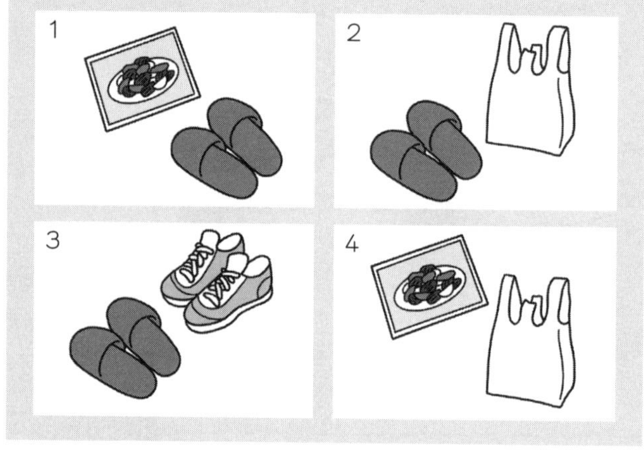

ことばと表現

□紹介(する)：to introduce ／介绍／ giới thiệu

4ばん　正答3

〈話者が 何を するか〉を 問う 問題。

2nd 07

日本語学校で 事務所の 人と 男の 学生が 話して います。男の学生は 何を 書きますか。

F：ハサンさん、こんにちは。どうしましたか。

M：先生、私は 先週、引っ越しを したんです。何か しなければ ならないことは ありますか。

F：そうですか。在留カードの 住所は 変えましたか。

M：はい、これです。

F：ありがとう。ちょっと コピーを とりますね。じゃ、この 紙に 学生番号と 名前、郵便番号、それから電話番号を 書いてください。住所は いいです。

M：電話番号は 変わって ないんですが……。

F：ええ。でも、書いて おいて もらえますか。

M：わかりました。

男の 学生は 何を 書きますか。

ア	学生ばんごう：
イ	名前：
ウ	郵便ばんごう：
エ	じゅうしょ：
オ	電話ばんごう：

1　ア、イ、ウ
2　イ、ウ、エ
3　ア、イ、ウ、オ
4　イ、ウ、エ、オ

最初から しっかり 聞き取る ように 注意しましょう。

ここでは、「いいです」は「必要ない」と いう 意味です。

「でも」は「変わって ない→書く 必要が ない」への 否定を 表し、書いて おく ように 言って います。

ことばと表現

□**住所**：address ／住处 / 地址／ địa chỉ

□**コピーをとる**：コピーする

□**番号**：number ／号码／ số thứ tự

5ばん　正答4

〈話者が 何を するか〉を 問う 問題。

2nd 08

店で 女の人と 男の人が 電話で 話しています。男の人は これから どうしますか。

F：はい、山本コーヒーです。
M：すみません、今朝 そちらに スマホを 忘れちゃった みたいなんです。探して みて もらえませんか。
F：スマホですか。
M：はい。青い スマホケースです。
F：わかりました。席は どのあたりでしたか。
M：ええと……奥の ほうの 窓の そばの 席です。
F：わかりました。少々 お待ちください。
M：すみません。お願いします。
F：・・・お待たせしました。席の ほうには なかったんですが、トイレに ありました。
M：あ、それです！　トイレに 行きました。あー、よかった。ありがとうございます。これから、すぐ 取りに 行きます。
F：承知しました。

> 忘れて しまったのは スマホ。かばんでは ありません。　2×

> スマホが 見つかった、と いう こと。⇒さがす 必要は ない。

> スマホを 受け取るために 店に 戻る、と いうこと。

男の人は これからどうしますか。

1 
2 
3 
4 

ことばと表現

□**スマホ**：ていねいな 言い方は スマートフォン。
□**忘れる**［ものを］：①どこかに 置いた まま、行って しまうこと。置き忘れる こと。
②持って くるのを 忘れる こと。
例 お店に かさを 忘れちゃった。（①）
今日、さいふを 忘れちゃったから、何も 買えない。（②）
□**スマホケース**：スマホ専用の 入れ物。
□**奥**：back ／里边／ sâu bên trong
□**承知しました**：「わかりました」の ていねいな 言い方。

6ばん　正答３

〈話者が 何を するか〉を 問う 問題。

レストランで 店長と 男の 店員が 話しています。男の 店員は これから 何を しなければ なりませんか。

F：森さん、ご苦労さま。えーと、森さんは３時までだから、もうすぐ 終わりですね。
M：はい。
F：トイレの 掃除は して くれましたか。
M：はい。終わってます。
F：そしたら、キッチンの ごみを ごみ置き場に 出して おいて もらえますか。ごみ袋の 場所は わかる？
M：あのう、すみません。まだ、お皿を 洗って いないんです。
F：それは リンさんに 頼むから いいですよ。
M：わかりました。
F：明日から 注文を とったり、料理を 運んだり して もらいますから。
M：はい。
F：じゃ、よろしくお願いしますね。あ、場所を間違えないでね。
M：はい。

> トイレの そうじは 終わったと 聞いたので、次に して ほしい こと（＝キッチンの ごみを 出す こと）を 頼みました。

> 「それ」は「皿を 洗う こと」。リンさんに 頼むから いい（必要ない）、と 言って います。

男の 店員は これから 何を しなければ なりませんか。

ことばと表現

□置き場：置く 場所。
□頼む：お願いする。
□注文（する）：to order ／订／ gọi món, đặt hàng
□運ぶ：bring ／选／ vận chuyển

7ばん　正答2

〈話者が これから すること〉を 答える 問題。

男の人と 女の人が 話して います。男の人は この あと 何を しますか。

M: もしもし、スーパーに 着いたんだけど、買って きてって 言われた シャンプー、大きい サイズは ないよ。
F: え、そうなの？　こないだは あったんだけど……。
M: どうする？　小さい サイズを 買って 帰ろうか。
F: それだと 高くなるからなあ。なくなるのも 早いし。
M: じゃあ、ほかの シャンプーの 大きい サイズに する？
F: うーん……。でも、あの シャンプーの においが 好きなのよね。
M: じゃあ、ほかのスーパーに行ってみるよ。もし、そこにも 大きいのが なかったら、小さいので いい？
F: うん、お願い。

「じゃあ、他の スーパーに 行って みるよ」「お願い」と 言って いる。

男の人は この あと 何を しますか。

1 家に 帰る
2 ほかの スーパーに 行く
3 小さいサイズの シャンプーを 買う
4 ほかの シャンプーの 大きい サイズを 買う

ことばと表現

□**シャンプー**：shampoo ／洗发液／ gội đầu　㊖ shampoo から。
□**こないだ**：会話で、「この間」が 短くなった 言い方。
□**サイズ**：size ／尺寸／ kích cỡ　㊖ size から。
□**におい**：smell ／味道／ mùi

8ばん　正答2

〈話者が これから すること〉を 答える 問題。

2nd 11

会社で 男の人と 女の人が 話して います。女の人は この あと 何を しますか。

F：ネットで 注文した たなが 届いたんですが、1つ 多いんです。
M：え？ 注文する とき、数を 間違えたんじゃないんですか。
F：いえ。注文の メールを 確認したんですが、数は 合って いました。
M：じゃあ、むこうが 間違えたんですね。
F：ええ。メールで 連絡して みます。
M：いや、電話の ほうが いいですよ。たなを 返す 方法も 聞かないと いけませんし。
F：そうですね。

女の人は この あと 何を しますか。

1 メールを 送る
2 電話を かける
3 注文の メールを 見る
4 たなを 送る

「注文の メールは すでに 見た」ことが わかります。 3×

「電話の ほうが いいですよ」「そうですね」という 二人の 会話から わかる。 2○

「電話を する⇒たなを 返す 方法を 聞く」という 順番。 4×

ことばと表現

□ネット：internet ／网上／ mạng internet
□注文(する)：to order ／订／ đặt hàng, gọi món
□たな：shelf ／架子／ giá, kệ
□数：number ／数量／ số lượng
□合う：match ／(数量)对／ phù hợp, khớp

もんだい2（ポイント理解）

れい　正答3

※第1回と 同じ（→ p.37 参照）

1ばん　正答2

〈話者が 何を えらんだか〉を 答える 問題。

2nd 14

男の人と 女の人が 話して います。女の人は きのう 何を 買いましたか。

M：新しく なった 駅ビル、どうだった？　きのう、行ったんでしょ？
F：うん。すごい 人だったよ。もう、なかなか 前に 歩けなくて……。でも、楽しかったよ。
M：テレビで 見た。すごく 混んでたね。お店は どんな 感じだった？
F：よかったよ。かわいい服が たくさん あって。安くなってたから、けっこう 買っちゃった。
M：へー、いいな。くつと かばんが 欲しいって 言ってたけど、いいの 買えた？
F：かばんはね。くつも いくつか いいのが あったんだけど、サイズが ちょっと 合わなかった。
M：まあ、そういうことも あるよね。

女の人は きのう 何を 買いましたか。

1 くつと かばん
2 ふくと かばん
3 ふくと くつ
4 かばんだけ

ふくを 買ったことが わかります。　1・4×

くつと かばんに ついて 聞かれて、「かばんはね（＝かばんは 買えました）」「くつは、サイズが 合わなかった」と 答えて います。　2×

2ばん　正答2

〈どこで するか〉を 問う 問題。　2nd 15

教室で 先生が 学生に 話して います。学生は、どこで 昼ご飯を 食べますか。

M：来週は クラスで 大森山に お花見に 行きます。さくらが 有名な 山ですが、**実は** さくらだけじゃ なくて、いろいろな 花が 見られるんです。大森山には、山登りの**コース**が ３つ あります。東の コースは、階段が 多いですが、さくらが きれいです。南の コースは、東の コースより さくらの 木は 少ないですが、いろいろな 花が 見られます。西の コースは、階段が 少なくて 登りやすいです。**歴史**の ある お寺も あります。好きな コースを **選んで**、**登って**ください。皆さんが **登り終わった**ら、いちばん上で 集まって、いっしょに お弁当を いただきます。

> 「山の 一番上⇒山の 一番高い ところ」、「お弁当を いただく⇒昼ご飯を 食べる」と 理解しましょう。

学生は、どこで 昼ご飯を 食べますか。

1　さくらの 木の した
2　やまの いちばん たかい ところ
3　おてらの なか
4　いろいろな 花の まえ

ことばと表現

□**実は**：actually ／其实／ thực ra là…
□**コース**：course ／课程／ khóa, cấp độ
□**歴史**：history ／历史／ lịch sử
□**選ぶ**：select ／选／ lựa chọn
□**登る**：climb ／登／ leo, trèo
□**登り終わる**：最後まで 登る。

3ばん　正答3

〈話者の 気持ち〉を 問う 問題。

2nd 16

留学生が クラスで 美術館に 来て います。先生は どうして 怒って いますか。

F：チャンさん、探しましたよ。どこに いたんですか。

M：先生、すみません。駐車場の むこうの トイレに 行って いました。

F：トイレは、美術館の 中の トイレを 使って くださいと 言いましたよ。

M：はい。そこに 行ったんですが、人が 多くて……。それで、自動販売機も あるし、駐車場の 方の トイレに 行ったんです。

F：飲み物も 買ったんですか。飲み物は これから 昼ご飯の 時に お弁当と いっしょに 配りますよ。

M：あ、そうなんですか。でも、とても のどが かわいて いたので……。

F：わかりました。それは いいですが、どこかへ 行くときは、私に 伝えてから 行くように して ください。みんな 心配したんですよ。

M：わかりました。すみませんでした。

先生は どうして 怒って いますか。

1　トイレの 場所を まちがえたから
2　勝手に 飲み物を 買ったから
3　先生に 何も 言わないで トイレに 行ったから
4　みんなと 一緒に ご飯を 食べなかったから

> トイレの 場所は 知っていた。実際に 行ったが、そのあと、別の トイレに 行った。間違えたのではない。　1×

> 飲み物を 買ったことについては「それは いい」と 言って います。　2×

> 留学生が よくなかったことを 教えて、注意して います。　3○

ことばと表現

☐**駐車場**：parking (lot) ／停车场／ bãi đỗ xe
☐**自動販売機**：vending machine ／自动贩卖机／ máy bán hàng tự động

4ばん　正答3

〈数や 時間など〉を 答える 問題。

2nd 17

日本語教室で 先生が 学生に 話して います。学生は 何日、会話の 練習を しますか。

F：みなさん、今月の 24日から 26日までの 3日間、夏の 特別授業が あります。いつもは 1時間の 授業ですが、100分間に なります。市の ボランティアの 人たちを 迎えて、日本語の 会話の 練習を させて もらいます。会話の テーマは 2日前の 22日に みんなで 決めたいと 思います。どんなことに ついて 話したいか、それまでに 考えて おいて ください。それから、30日は、ボランティアの 人たちが、コンサートに 招待して くれました。お金は いりません。行きたい 人は 29日までに 私に メールで 知らせて ください。

3日間、特別授業（=会話の 練習）が あります。
1・2×

会話の テーマを 決めることも、コンサートも、会話の 練習では ありません。

学生は 何日、会話の 練習を しますか。

1　1日
2　2日
3　3日
4　4日

ことばと表現

□**特別**(な)：special ／特別的／ đặc biệt
□**迎える**：welcome, meet ／迎接／ đón, đón tiếp
□**決める**：decide ／决定／ quyết định

5ばん 正答4

〈話の 大事な 点〉を 問う 問題。

2nd 18

大学で、先生が 話して います。先生は 何が 大事だと 言って いますか。

F：おはようございます。これから 1年間、この 授業を 担当する 山本です。まず 最初に、大事なことを お伝えして おきます。テストは 年に 2回 あります。夏休みに 入る 前と、一年の 最後です。もちろん、この 2つは 大きなものです。でも、注意して ほしいのは、テストを 受けるには、出席が 80パーセント以上 必要だと いうことです。それから、テストが 100点でも、レポートを 出さなかったら だめです。授業への 出席と 同じで、どれも 同じように 大事なのです。私が 投げた ボールを ちゃんと 受け取って、ちゃんと 返さなければ ならない、と いうことです。

ここの「大事な こと」は、「これから 話す テスト、出席、レポートに ついての こと」です。

（テスト、出席、レポートの）どれも 同じ ように 大事だ、と 言って います。 4〇

先生は 何が 大事だと 言って いますか。

1 年2回の テスト
2 テストと レポート
3 出席と レポート
4 出席と レポートと テスト

ことばと表現

□大事（な）：important ／重要的／ quan trọng
□出席（する）：to attend ／出席／ tham gia

6ばん　正答3

〈いつ、するか〉を 問う 問題。

パン屋で 客と 店の人が 話して います。女の人は いつ チョコレートパンを 買いますか。

F：あのう、テレビで こちらの お店の チョコレートパンが おいしいって 聞いたんですけど、今日は もう ありませんか。

M：申し訳ありません。チョコレートパンは 朝9時ごろと、1時ごろと、4時半ごろ 焼けるんですが、今朝 作ったものは もう 全部 売り切れてしまったんです。

F：そうなんですか。これから予約って できますか。

M：はい、できます。えーと、1時のは もう 予約が いっぱいなので、次は……4時半ですね。また、後で 取りに 来られますか。

F：はい。じゃ、3つ お願いします。

女の人は いつ チョコレートパンを 買いますか。

1　きょうの 午前9時ごろ
2　きょうの 午後1時ごろ
3　きょうの 午後4時半ごろ
4　きょうの 午後9時ごろ

「今朝 作ったもの＝朝9時ごろに 焼けたもの」は もう 全部 売り切れた。　**1×**

もう 予約が いっぱい⇒買えない。

4時半に チョコレートパンが できる⇒買うことが できる。　**3○**

ことばと表現

□**売り切れる**：sold out ／卖光／ bán hết
□**予約**(する)：to reserve ／预约／ đặt hẹn

7ばん　正答3

〈話者が いつ それを するか〉を 答える 問題。

2nd 20

歯医者の 受付で、女の人と 男の人が 話して います。男の人は、次は いつ 歯医者に 行きますか。

F：次の 予約は いつに なさいますか。

M：えーと、来週の 水曜日の 午後は 空いてますか。

F：はい。5時からでしたら、空いてますよ。

M：5時ですか……。5時だと、仕事が あって、ちょっと 無理だと 思います。土曜日は 空いてませんか。

F：2時なら 空いてます。でも、土曜日は混みますので、予約して いても、お待ちいただく ことが あります。

M：はい、それは大丈夫です。

F：もし、痛くなったら、予約の 日で なくても、大丈夫ですよ。

M：わかりました。ありがとうございます。

男の人は、次は いつ 歯医者に 行きますか。

1　水曜日の5時
2　水曜日の 仕事が 終わった あと
3　土曜日の2時
4　歯が 痛くなった とき

〈「土曜日は 空いて いませんか」「……2時なら 空いて います」〉という 会話から「土曜日の2時」なら いい ことがわかります。　**3○**

これは「もしも」の場合のことで、決まった ことでは ない。　**4×**

ことばと表現

□空く：vacant ／空的／ trống, rảnh
□無理(な)：unreasonable ／不合理的／ vô lí
□混む：crowded ／拥挤／ đông, lộn xộn
□予約(する)：to reserve ／预约／ đặt hẹn

もんだい3（発話表現）

〈その 場面で どう 言うのが いいか〉を 問う 問題。

れい　正答3

※第1回と 同じ（→ p.45 参照）

1ばん　正答1

2nd 24

先生に 紹介された 人の 家を 訪ねました。玄関で 何と 言いますか。

F：1　ごめんください。
　　2　いらっしゃいませ。
　　3　よろしくお願いします。

ことばと表現

□**ごめんください。**：人の 家を 訪ねた ときに、玄関で 言う 表現。中に いる 人に 聞こえる ように 大きな 声で 言う。

□**いらっしゃいませ。**：店の 人が 客に 使う あいさつ言葉。客が 店に 入って きた ときや、客と 会話を 始める ときに 使う。

□**よろしく お願いします。**：相手に 何か お願いを する ときの 表現。また、協力して 一緒に 仕事を する 人に、いつでも 使う あいさつ表現。

2ばん　正答2

2nd 25

友達が 財布を テーブルの 上に 置いて 行こうと して います。何と 言いますか。

M：1　財布が 落ちてるよ。
　　2　財布を 忘れてるよ。
　　3　財布を 置いてるよ。

ことばと表現

□**〜を 忘れて いますよ。**：誰かが、物を 置いた ことを 忘れて、そのまま 行こうと した ときに 使う 表現。

3ばん　正答3

2nd 26

友達との 約束の 時間に 少し 遅れると 思います。友達に 何と 言いますか。

M：1　ごめん、6時に 着くはずが ないと 思う。

2　ごめん、6時に 着かないと いけないんだ。

3　ごめん、ちょっと 6時に 着き**そうにない**んだ。

ことばと表現

□**そうにない**：「〜すると 思えない」「〜する ように 見えない」と いう 意味。

4ばん　正答1

2nd 27

友達が 新しい くつを 買ったので、ちょっと ほめたいです。何と 言いますか。

F：1　新しい くつを 買ったんだ。**いいんじゃない**？

2　それが新しいくつ？ **いいかなあ**。

3　新しい くつですね。それでも いいと 思う。

ことばと表現

□**いいんじゃない？**：「いいと 思う」と いう 意味の 表現。

□**いいかなあ**：「いいんだろうか」「あまり いいと 思わない」など、疑問や 否定の 気持ちの ある 表現。

5ばん　正答3

2nd 28

お客さんが 家に 来ました。何と 言いますか。

F：1　**いらっしゃいませ**。

2　いらっしゃるんですか。

3　よく **いらっしゃいました**。

ことばと表現

□**いらっしゃいませ**：店の 人が 客に 言う 言葉。

□**いらっしゃいました**：「来ました」の 尊敬表現。迎える ときの 言葉として、ほかに「いらっしゃい」「よく 来ましたね」などが ある。

もんだい4（即時応答）

れい　正答2

2nd 30

※第1回と 同じ（→ p.49 参照）

1ばん　正答2

2nd 31

F：だんだん暑く なって きましたね。

M：1　もう 冬ですからね。
　　2　ええ。今年も 暑く なりそうですね。
　　3　暑く なったり 寒く なったり、困りますね。

「だんだん〜て きた」は、ひとつの 変化が 進んで いる 様子を 表す 表現です。

例 だんだん上手に なる

相手が 言ったこと（「暑さが 強く なって いる」と 感じて いること）に 合うものを 選びましょう。

ことばと表現

□**もう〜です**：ある 時間や 時期が 来たこと、すぐに 来ることを 表します。

例 もう 晩ごはんですよ。

□**〜たり…たり**：一つで なく、いろいろである 様子を表す。

2ばん　正答3

F：アリさん、これを 2階に 持って 行くのを 手伝って くれない？

M：1　いいですね。そうしましょう。
　　2　それなら、さっき 私が やって おきました。
　　3　わかりました。すぐ 行きます。

「すぐ 行きます」は「すぐ、そっちに（手伝いを しに）行く」と いう 意味です。

他のせんたくし／ Other options

1 → 何かを 提案されたのではない。×

2 →「これ」と 言って いるので、終わって いることでは ない。

3ばん　正答2

M：ちょっと 電話して きても いいですか。

F：1　はい。ぜひ 来て ください。
　　2　ええ、どうぞ。
　　3　いいんですか。じゃ、お先に。

「〜て くる」は、「何かを するために、（そこから ほかの）どこかに 行って、また 戻って くる」ことを 表します。

例 飲み物を 買って くる。
　駅まで 友達を 迎えに 行って くる。

許可を お願いして いるので、YES か NO か、答える 返事に なる。

4ばん　正答3

F：大学が 休みの 日は 何を して いますか。

M：1　家で ゲームを する つもりです。
　　2　一度だけ 富士山に 登った ことが ありますよ。
　　3　なるべく 運動する ように して います。

「休みの日は 何を して いますか」は、習慣を 尋ねる 表現で、よく 使われます。答え方は「〜を します」「〜を して います」が ふつう。

ことばと表現

□**〜つもりです**：予定や、これから する ことに ついての 考えを 表す 表現。

□**〜たことが あります**：それを した 経験が あるか どうかを 言う ときの 表現。

□なるべく：as ~ as is possible ／尽可能／ cố gắng

□～ように する：それを めざして 努力 する ことを 表します。

5ばん　正答1

2nd 35

> M：では、そろそろ 失礼します。
>
> F：1　もう 帰られるんですか。
> 　　2　どうぞ、お入りください。
> 　　3　そんなに 気に しないで ください。

「そろそろ 失礼します」は、だれかの 家を 訪ねたときなど、そこから 出るときに 使う 表現です。「そろそろ」は「その時に なりかけて いること（その時に なる 途中）」を 表します。

「もう 帰られるんですか」「もう お帰りですか」は、よく 使われる 返事の 言葉。

6ばん　正答3

> M：ごめん、ねぼうして 今から 家を 出るところ。
>
> F：1　え、どこ？
> 　　2　もう 出るの？　ちょっと 早いなあ。
> 　　3　じゃ、先に 行ってるよ。

「～する ところ」は、「ちょうど ～する 状況で あること」を 表します。

「～するところ」indicates "just about to do ~." ／「～するところ」是表示正在进行的状态。／ " ～するとこと " thể hiện ý "đang trong trạng thái vừa đúng lúc định làm ~"

「一緒に 行く」のを やめて、女の人が 先に 行くことに しました。

他のせんたくし／ Other options

1 → まだ 家に います。×

2 → 出かけるのが 遅く なったことを 知らせて います。×

7ばん　正答2

> M：どうしよう。5時までに 全部、郵便局に 出せるかなあ。
>
> F：1　じゃ、お願いね。
> 　　2　少し 手伝おうか。
> 　　3　それでも いいんじゃ ないですか。

男の人が 不安を 感じて います。そんな 様子を 見て、言う 言葉です。

他のせんたくし／ Other options

3 → 男の人は 疑問を 言って いるだけです。ここでは、「それ」と いえるものは、はっきりしません。

8ばん　正答3

> M：電車、2時だから、そんなに 時間ないね。
>
> F：1　急いでるから、ちょっと 待ってよ。
> 　　2　じゃ、大丈夫だね。よかった。
> 　　3　残念。もうちょっと ゆっくりしたかったな。

「そんなに～ない」は、「～では ない」ということです。自分の 予想や 希望より 少ない、低いときに 使います。女の人は、「時間が 多くない」ことを 残念に 思っています。

他のせんたくし／ Other options

1 → 男の人の 言葉は、相手を 急がせて いるものでは ありません。

ことばと表現

□ゆっくりする：忙しく ならないよう、ゆっくりと 時間を 過ごすこと。

模擬試験 第3回 解答・解説

かいとう　かいせつ

げんごちしき（もじ・ごい）

もんだい 1				
1	①	②	③	●
2	①	●	③	④
3	●	②	③	④
4	①	●	③	④
5	①	●	③	④
6	●	②	③	④
7	①	②	●	④
もんだい 2				
8	●	②	③	④
9	●	②	③	④
10	①	②	③	●
11	①	②	●	④
12	●	②	③	④
もんだい 3				
13	●	②	③	④
14	①	●	③	④
15	●	②	③	④
16	①	②	③	●
17	①	●	③	④
18	①	②	③	●
19	●	②	③	④
20	①	●	③	④

もんだい 4				
21	①	●	③	④
22	●	②	③	④
23	①	●	③	④
24	①	②	●	④
もんだい 5				
25	①	●	③	④
26	●	②	③	④
27	①	②	●	④
28	①	②	③	●

げんごちしき（ぶんぽう）・どっかい

もんだい 1				
1	①	●	③	④
2	●	②	③	④
3	①	②	●	④
4	①	②	●	④
5	①	②	③	●
6	①	②	③	●
7	①	●	③	④
8	①	②	③	●
9	①	●	③	④
10	①	②	③	●
11	①	②	③	●
12	①	②	●	④
13	●	②	③	④
もんだい 2				
14	●	②	③	④
15	●	②	③	④
16	①	②	③	●
17	①	●	③	④

もんだい 3				
18	①	●	③	④
19	●	②	③	④
20	①	●	③	④
21	①	②	③	●
もんだい 4				
22	①	②	●	④
23	●	②	③	④
24	①	②	③	●
もんだい 5				
25	①	●	③	④
26	①	②	③	●
27	●	②	③	④
もんだい 6				
28	①	②	③	●
29	①	②	●	④

ちょうかい

もんだい 1				
れい	①	●	③	④
1	●	②	③	④
2	①	②	●	④
3	①	②	③	●
4	①	②	●	④
5	①	②	●	④
6	●	②	③	④
7	①	②	③	●
8	①	●	③	④
もんだい 2				
れい	①	②	●	④
1	①	●	③	④
2	①	②	③	●
3	●	②	③	④
4	①	②	③	●
5	①	②	●	④
6	①	②	●	④
7	①	②	③	●

もんだい 3			
れい	①	②	●
1	①	●	③
2	●	②	③
3	●	②	③
4	①	●	③
5	①	②	●
もんだい 4			
れい	①	●	③
1	●	②	③
2	①	②	●
3	①	②	●
4	●	②	③
5	①	②	●
6	①	●	③
7	●	②	③
8	●	②	③

言語知識（文字・語彙）(げんごちしき(もじ・ごい))

もんだい 1

1 **正答(せいとう) 4**

□**習う(なら)**：learn ／学习／ những

▶□ **習**＝ならーう／シュウ　例 学習(がくしゅう)

2 **正答(せいとう) 2**

□**夏(なつ)**：summer ／夏天／ mùa hẹ

▶□ **夏**＝カ／なつ

3 **正答(せいとう) 1**

□**最後(さいご)**：most ／最／ ~ nhất

▶□ **最**＝サイ／もっとーも

例 最(もっと)も 安(やす)い

▶□ **後**＝ゴ、コウ／のち、うしーろ、あと

例 1時間後(じかんご)、つくえの後(うし)ろ

4 **正答(せいとう) 2**

□**～台(だい)**：「車(くるま)や 機械(きかい)など（物(もの)や 人(ひと)を 乗(の)せるもの＝台(だい)）」を 数(かぞ)えるときの 表現(ひょうげん)。
units (for cars and machines) ／ 数量词，用于数车辆或载人的机器。／～台 cách nói dùng khi đếm "xe ô tô, máy móc (phương tiện trở hàng, người = 台)

▶□ **台**＝ダイ、タイ　例 車(くるま)が 3台(だい) ある。

5 **正答(せいとう) 2**

□**お兄(にい)さん**：big brother ／哥哥／ anh trai

▶□ **兄**＝あに　例 私(わたし)の 兄(あに)

6 **正答(せいとう) 1**

□**暗(くら)い**：dark ／黑暗／ tối

▶□ **暗**＝くらーい

例 暗(くら)くて よく 見(み)えない。

7 **正答(せいとう) 3**

□**特(とく)に**：especially ／特别／ đặc biệt

▶□ **特**＝トク

例 この 問題(もんだい)は 特(とく)に 難(むずか)しい。

もんだい 2

8 **正答(せいとう) 1**

□**重(おも)い**：heavy ／重／ nặng

▶□ **重**＝ジュウ／おもーい

例 体重(たいじゅう)、重(おも)い にもつ

9 **正答(せいとう) 1**

□**交通(こうつう)**：traffic ／交通／ giao thông

▶□ **交**＝コウ　例 交差点(こうさてん)、交番(こうばん)

▶□ **通**＝ツウ／とおーる、かよーう

例 道(みち)を 通(とお)る、学校(がっこう)に 通(かよ)う

10 **正答(せいとう) 4**

□**運動(うんどう)**：(to) exercise ／运动／ vận động, tập thể dục

▶□ **運**＝ウン／はこーぶ

例 にもつを 運(はこ)ぶ

▶□ **動**＝ドウ／うごーく、うごーかす

例 自動車(じどうしゃ)／そのまま 動(うご)かないでください。

11 正答(せいとう)3

□**親切(しんせつ)(な)**：kind ／亲切 / 热情／ tốt bụng

▶□ **親**＝シン／おや、したーしい

例 両親(りょうしん)、私(わたし)の 親(おや)、親(した)しい 友達(ともだち)

▶□ **切**＝セツ／きーる、きーれる

例 大切(たいせつ)な もの、はさみで 切(き)る

12 正答(せいとう)1

□**開(あ)ける**：open ／打开／ mở

▶□ **開**＝ カイ／ひらーく、あーく、あーける

例 ドアを 開(ひら)く／ドアが 開(あ)かない。

もんだい3

13 正答(せいとう)1

□**以上(いじょう)**

例 お酒(さけ)は、20 歳(さい)以上(いじょう)の 人(ひと)だけ 飲(の)めます。

他のせんたくし／ Other options

2 **以内(いない)**　例 1時間(じかん) 以内(いない)

3 **以外(いがい)**　例 子(こ)ども 以外(いがい)

4 **いったい**　例 これは、いったい どういう ことですか。

14 正答(せいとう)2

□**苦(にが)い**：bitter ／痛苦／ đắng

例 この コーヒーは 苦(にが)い。

他のせんたくし／ Other options

1 **重(おも)い**　例 にもつが 重(おも)い

3 **辛(から)い**　例 辛(から)いカレー

4 **深(ふか)い**　例 深(ふか)い 池(いけ)

15 正答(せいとう)1

□**治(なお)る**：cure ／治好／ khỏi bệnh

例 やっと 風邪(かぜ)が 治(なお)りました。

他のせんたくし／ Other options

2 **終(お)わる**　例 仕事(しごと)が 終(お)わった。

3 **切(き)れる**　例 さとうが 切(き)れて しまった。

4 **消(け)す**　例 テレビを 消(け)して ください。／消(け)しゴムで 消(け)せます。

16 正答(せいとう)4

□**のど**：throat ／嗓子／ họng, cổ

例 風邪(かぜ)で のどが 痛(いた)いです。

他のせんたくし／ Other options

1 **足(あし)**　例 右足(みぎあし)

2 **おなか**　例 おなかが すいた。

3 **首(くび)**　例 首(くび)が 痛(いた)い。

17 正答(せいとう)2

□**結果(けっか)**：result ／结果／ kết quá

例 試験(しけん)の 結果(けっか)は、合格(ごうかく)でした。

他のせんたくし／ Other options

1 **原因(げんいん)**　例 事故(じこ)の 原因(げんいん)が わかった。

3 **合格(ごうかく)(する)**　例 N4 に 合格(ごうかく)した。

4 **約束(やくそく)(する)**　例 友(とも)だちと 約束(やくそく)した。

18 正答(せいとう)4

□**先輩(せんぱい)**：senior ／前辈／ đàn anh, tiền bối

例 会社(かいしゃ)の 先輩(せんぱい)が、仕事(しごと)を 教(おし)えてくれます。

他のせんたくし／ Other options

1 **駅員(えきいん)**　例 駅員(えきいん)に 聞(き)きましょう。

2 **部長(ぶちょう)**　例 部長(ぶちょう)に 呼(よ)ばれました。

3 **社員(しゃいん)**　例 彼(かれ)は 旅行会社(りょこうがいしゃ)の 社員(しゃいん)です。

19 **正答1**

□**アイディア**：idea ／主意／ ý tưởng

例 田中さんの アイディアは いいですね。

他のせんたくし／ Other options

2 ニュース　例 テレビの ニュース

3 カラオケ　例 カラオケで 歌う

4 アンケート　例 アンケートに 答える

20 **正答2**

□**経験**：experience ／经验／ kinh nghiệm

例 仕事の 経験は ありませんが、がんばります。

他のせんたくし／ Other options

1 約束　例 3時の 約束

3 機会　例 会う 機会

4 計画　例 旅行の 計画

もんだい4

21 **正答2**

□**にこにこ**：smile ／笑嘻嘻／ tủm tỉm

例 先生は、にこにこ 笑って いました。

22 **正答1**

□**誘う**：invite ／邀请／ mời, rủ

例 友だちを 食事に 誘いました。

23 **正答2**

□**おとなしい**：mild-mannered／老实／ít nói

例 弟は おとなしくて、大きい 声は 出しません。

24 **正答3**

□**チェックする**：(to) check ／检查 / 查看 ／ kiểm tra

例 間違いが ないか、チェックします。

もんだい5

25 **正答2**

□**むし暑い**：hot and humid／闷热／oi nóng

例 最近、雨が 多くて むし暑い。

他のせんたくし／ Other options

1 熱い、3 出ていた、4 厚い、などが いいです。

26 **正答1**

□**故障する**：(to) break down ／故障／ hỏng hóc

例 パソコンが 故障して、使えない。

他のせんたくし／ Other options

2 折れて、3 落ちて、4 壊れた、などが いいです。

27 **正答3**

□**お礼**：thanks ／道谢／ cám ơn

例 プレゼントの お礼を 言いました。

他のせんたくし／ Other options

1 謝りました、2 あいさつ、4 あいさつ、などが いいです。

28 **正答4**

□**近所**：neighborhood／邻里／hàng xóm

例 近所の 人は みんな 親切です。

他のせんたくし／ Other options

1 となり、2 近く、3 となり、などが いいです。

言語知識（文法）・読解

文法

もんだい1

1 正答2

□（数量）＋**も**：数量の 多さを 表す 表現。 an expression that indicates the amount of something ／表示数量之多／ cách nói khi số lượng nhiều

例 アリさんは 犬を 4ひきも かって いる。

他のせんたくし／Other options

1 さいふに お金が 600 円しか 入って いない。
3 わたしは 毎朝 7時に 起きます。
4 今日は いそがしいですが、明日なら ひまです。

2 正答1

□**A は〜が、B は〜**：二つのものを 並べて 比べながら、違いを 示す 表現。 an expression comparing two things side-by-side while showing their differences ／把两个东西或事物并列比较，叙述其不同。／ cách nói đưa ra 2 sự việc so sánh để chỉ ra sự khác nhau

例 じゃがいもは 好きだが、トマトは きらいだ。

他のせんたくし／Other options

2 あの人が きのう 話した 田中さんです。
3 兄も わたしも テニスが 好きです。
4 わたしは 姉ほど うまく おどれない。

3 正答3

□**〜まで**：前置詞の 一つで、限度を 表す。 a preposition that indicates extent ／前置词之一，表示限度。／ là một tiền tố về giới hạn

例 きのう 1時まで 起きていた。

他のせんたくし／Other options

1 かごに くだものを 入れます。
2 毎朝 8時に 家を 出ます。
4 この 絵は ピカソに よって かかれた。

4 正答3

□（人）**に〜せられる**：使役受身の 表現。 a causative passive expression／使役句表现／ cách nói thụ động bắt buộc

例 親に 勉強を させられました。

他のせんたくし／Other options

1 わたしは 本が 好きです。
2 りんごより いちごの ほうが 好きだ。
4 友達の 教科書を かりた。

5 正答4

□**どんな〜でも**：any ~／无论什么~ / 不管什么~／ dù ~ thế nào đi nữa

例 どんな 野菜でも 食べられます。

他のせんたくし／Other options

1 なんの 話が 聞きたいですか。
2 この 中から どれでも えらんで ください。
3 ケーキなら いくつでも 食べられます。

6 正答4

□**～のに**：even though ~／虽然～，却～／~ vậy mà

例 あの 子は 3さいなのに、漢字が 書けます。

他のせんたくし／Other options

1 8さいだから、漢字が 読めます。
2 東京なら、浅草が おもしろいです。
3 彼は 口を 開けたまま 寝て います。

7 正答2

□**授受表現** benefactive expression／授受表现／cách nói cho nhận

例 この 本は 父が くれました。

他のせんたくし／Other options

3 わたしは 友達に あめを あげました。
4 母から ゆびわを もらいました。

8 正答4

□**すっかり**：全部(残るものが ない 様子)。all (to the point where nothing is left)／全部（没有剩余的样子)。／tất cả (không còn lại gì)

例 お金を すっかり 使って しまった。

他のせんたくし／Other options

1 説明して もらったが、ちっとも わからない。
2 めがねを かけないと、はっきり 見えない。
3 きのう しっかり 休んだから、今日は 元気です。

9 正答2

□**たまに**：occasionally／偶尔／đôi khi

例 たまに 自分で 料理を 作ります。

他のせんたくし／Other options

1 明日の 試合は きっと 勝てると 思う。
3 外が 暗くなったから、そろそろ 帰りましょう。
4 ぜひ 日本に 遊びに 来て ください。

10 正答4

□**～たことがある**：have ~ before／有过～／đã từng

例 わたしは インドに 行った ことが あります。

他のせんたくし／Other options

1 もう少し 勉強したほうが いいですよ。
2 この 公園では サッカーを しては いけません。
3 明日 病院に 行かなければ いけません。

11 正答4

□**～ば**：「～する」という 条件を 表す。indicates the condition of "doing ~"／表示假设的条件／thể hiện điều kiện "làm

例 この 本を 読めば、日本の れきしが わかります。

他のせんたくし／Other options

1 北海道に 行くなら、魚を 食べた ほうが いい。
2 何度 電話しても、父は 出なかった。
3 ねだんが 高かったから、買いませんでした。

12 正答3

□～ように：到達目標を 表す 表現。
an expression that indicates a final objective ／表示达到目标／ cách nói về mục tiêu cần thực hiện
例 テニスが うまく なるように 毎日 練習している。

他のせんたくし／Other options
1 けがが 治るまで 練習を 休みました。
2 熱が あるので、今日は 仕事を 休みます。
4 日本に いる 間に 富士山に 登りたい。

13 正答1

□～たらいいですか：相手に 指示や 助言を 求める 表現。
an expression that seeks indication or advice from somebody ／表示征求对方的指示或建议。／cách nói khi cần chỉ thị, giúp đỡ từ đối phương
例 この 本は いつまでに 返したらいいですか。

他のせんたくし／Other options
2 今から 電話しても いいですか。
3 マイクさんは 魚を 食べる ことが できますか。
4 すみませんが、スマホを かして いただけますか。

もんだい2

14 正答1

去年まで そふが 2住んで いた 4家に 1来月 3ひっこす ことに なった。

15 正答1

シンさん 3ほど 4子ども 1に 2やさしい 人に 会った ことが ありません。

16 正答4

父が 3食べている 1チョコレートは 4お酒を 2使っているので、わたしは 食べられません。

17 正答2

森「今日は みなさんに 大学での 4生活について 1話を する 2ために 3先輩の ユンさんが来てくれました。」
ユン「はじめまして。ユン・ソジンです。この 学校を 卒業して、T大学に 入りました。今、3年生です。」

もんだい3

18 正答2　19 正答1　20 正答2　21 正答4

富士山

グエン フー クアン

わたしは、日本に 来る前、富士山に 登りたいと 18 。とても きれいな 山ですから。19 、日本に 来て、それは 難しいと わかりました。日本人の 友達に 話したら、「けっこう 大変だよ」と 言われました。高い 山なので、バスで 山の 上まで 行くことは できないそうです。歩いて 登って、とちゅうで 1回か 2回 泊まらなければ なりません。また、寒いので、1年の 中で 夏 20 登っては いけません。ふつうの 服や くつじゃなくて、ちゃんと じゅんびを しなければ なりません。残念ですが、無理だと 思いました。

先週、東京から 名古屋に 行く 途中で、新幹線から 富士山が 見えました。とても 大きい 山でした。友達と、スマートフォンで 写真を とりました。うれしかったです。わたしは いつか、ちゃんと じゅんびして、富士山に 21 。

18「日本に 来る 前」だから 過去のこと⇒「思っていました」。 2○

19〈「登りたい」が「難しいと わかった」〉と 読みます。 1○

20 1年の 中で 登れるのは 夏だけ。「～しか…ません」を 使う。 2○

21「いつか ～たい」という 表現の 形です（願望 desire／愿望／nguyện vọng）。

ことばと表現

□登る：climb ／登 / 爬／ trèo
□泊まる：stop/stay with ／住宿／ nghỉ lại
□うれしい：happy ／高兴／ vui

読解

もんだい4（短文）

(1)「友だちからの メール」

22 正答3

みきこさん

先週の パーティーは、みきこさんが 来られなく なって、ざんねんでした。体の ちょうしは もう だいじょうぶですか。田中さんも しんぱいして いましたよ。

それで、また 今度、田中さんと 3人で 会いませんか。田中さんが、すてきな カフェを 見つけたと 言って いたので、そこで 食事でも しましょう。みきこさんの 都合の いい 日を 教えて ください。田中さんが カフェを 予約して くれるので、私から 伝えます。無理は しないで くださいね。元気に なってからで だいじょうぶです。

ようこ

〈「みきこさんの 都合の いい 日」を ようこさんに 教える→ようこさんに 伝える〉と 読みます。 **3○**

もう カフェを 見つけました。（みきこさんの 都合を 聞いて から 予約します。） **4×**

ようこさんが 田中さんに 伝えます。 **1×**

ようこさんは「みきこさんの 体の 調子」を 心配して いますが、みきこさんが 体の 調子に ついて 言う 必要は ありません。 **2×**

ことばと表現

□**カフェ**：きっさてん。

□**無理を する**：overdo it ／勉强／ cố quá

(2)「コーヒーの 飲み方」

23 正答1

私は コーヒーが 好きです。毎日、何杯も飲みます。まず、朝起きて すぐに 飲みます。朝は 何も 入れないで 飲みます。苦いですが、目が 覚めて、「今日も 一日 がんばろう」と いう 気持ちに なります。午後は、3時ごろに お菓子を 食べながら 飲みます。夏は 冷たい コーヒー、冬は 温かい コーヒーを 飲みます。お菓子は あまいですから、そのまま 飲みます。夜は ミルクを たくさん 入れて 飲みます。好きな 音楽を 聞きながら 飲むと、リラックスできて、とても 気持ちが いいです。

朝→何も 入れないで 飲みます。　1・2・3○

午後3時ごろ→何も 入れないで 飲みます。　2・3・4×

夜→ミルクを 入れて 飲みます。　1・3○

質問は「どうやって コーヒーを 飲みますか。」なので、飲み方に注目します。3回の飲み方が 書いて あります。整理しながら 読みましょう。

ことばと表現

□**何〜も**：数えられない くらい たくさん。
　例 何個も、何本も、何人も

□**〜杯**：「1杯、2杯、3杯……」は、グラスや コップに 入って いる 飲み物の 数え方です。

□**目が 覚める**：wake up ／醒／ thức dậy

□**リラックス**（する）：(to) relax ／放松／ thư giãn　英 relax から。

(3)「お花見」

24 正答4

日曜日、友だちと お花見に 行きました。さくらを 見るのは、初めてでした。みんなで さくらを 見ながら、お弁当を 食べました。天気も よくて、さくらは とても きれいでした。それに、お花見に 来て いる 人たちは、みんな とても 仲が よさそうで、楽しそうでした。幸せそうな 人を たくさん 見て、私も とても 楽しい 気持ちに なりました。

理由・原因の「〜て」。幸せそうな 人たちを 見て、自分も 楽しい 気持ちに なった。　4○

花見に 来て いる 人たちを 見て、感じた ことが 書かれて いる。彼らと 話を した ことなどは 書かれて いない。　3×

ことばと表現

□**仲がいい**：friendly ／关系好／ thân thiết

□**幸せ**（な）：happy ／幸福／ hạnh phúc

もんだい5（中文）

「今、ピアノを 習っています」

25 正答2　**26 正答4**　**27 正答1**

　私は 最近、ピアノを 習いはじめました。去年、60歳に なって仕事を やめて、時間が できたのです。ピアノは 子どものころから 習い続けて いましたが、高校生の時、勉強が いそがしくなって、やめて しまいました。働きはじめてからは、残業も多くて、ピアノの ことを 考えなく なりました。でも、仕事をやめて、半年ぐらい たった ある日、新聞に 大人向けの ピアノ教室の チラシが 入って いました。それを 見て、ピアノを 習っていたことを 思い出しました。それで、もう一度 ひいて みたくなったのです。

　ひさしぶりに ピアノを 習って、子どものころとは ちがう楽しさを 見つけました。子どものころは、がくふに 書いてあるとおり、まちがえないように ひいて いました。正しく 上手にひけると、うれしかったですし、先生にも ほめられました。でも、今は、まちがわずに ひくことより、どのように ひくかを教えてくれます。「はじめは やさしく ひいてみましょう。」とか、「ここから 喜びの 気持ちが どんどん 大きく なります。」とか、曲の イメージについて 話して くれます。それで、私も、自分のイメージを 音に する ことが 楽しく なったんです。

　毎年 10月に、先生と 生徒たちの 発表会が あります。今年の発表会には 私も 出たいと 思って います。まだまだ 下手ですが、たくさん 練習して、（　　　　）。

> 25 今は 仕事を やめて、忙しくないです。　4×

> 25 子どもの ころは 習って いました。　1×

> 25 チラシは ピアノ教室のチラシです。　3×

> 25 ピアノを 習って いたことを思い出して、もう一度 ひきたく なりました。　2○

> 26 子どもの ころ⇒「正しく 上手に ひくこと」「先生に ほめられること」が うれしい、楽しい。　1・3×

> 26「自分の イメージを音に することが 楽しくなった」と 言って います。

> 27 この文章の 内容・一番 強く 言って いることに 合うものを 選びます。

ことばと表現

- □**～続けます**：～することを 続けます。ずっと ～します。
- □**～はじめます**：～することを はじめます
- □**～向け**：～のため。
- □**チラシ**：flyer ／传单 / 小广告／ tờ rơi
- □**がくふ**：sheet music ／乐谱／ bản nhạc
- □**イメージ**：image ／印象／ hình ảnh
- □**発表会**：recital ／表演会／ buổi phát biểu, biểu diễn

もんだい6（情報検索）

(2)「日本語教室の 案内」

28 正答4　29 正答3

やまと市　日本語コース

漢字	生活の 日本語
生活で よく 使う 漢字を おぼえます。 時間：　毎週火曜 9：00～10：00 お金：　1回100円	買い物や 近所の 人との 会話など、よく使う日本語を勉強します。 時間：　水曜(月に2回) 11：00～12：00 お金：　1か月500円
はじめての 日本語	**なんでも 日本語**
日本語を 最初から しっかり 勉強します。 時間：　毎週木曜か 土曜 16：00～17：00 お金：　1か月1500円	一人一人、勉強したい ことを 教えます。 ※クラス授業では ありません 時間：　毎週日曜 9：00～11：00 お金：　1回200円

28 一人ずつ 教えるコース。
毎週1回200円×4回＝800円。

29 休みの 土曜に、日本語が 勉強できる。

ことばと表現

□近所：neighborhood ／邻里／ hàng xóm

聴解

もんだい1（課題理解）

れい　正答2

※第1回と同じ（→ p.28 参照）

1ばん　正答1

〈発話者の 行動の 流れ〉を 正しく とらえる 問題。

女の人が 男の人に 道を たずねて います。バス停は どこに ありますか。

F：あのう、すみません。この 近くに バス停は ありますか。
M：ええ。この 道を まっすぐ 行くと、信号が あります。そこを 左に 曲がって ください。
しばらく 行くと、右に 図書館が あります。そこを 少し 過ぎた ところに あります。小さな 郵便局の 前に なります。
F：わかりました。ありがとうございます。

バス停は どこに ありますか。

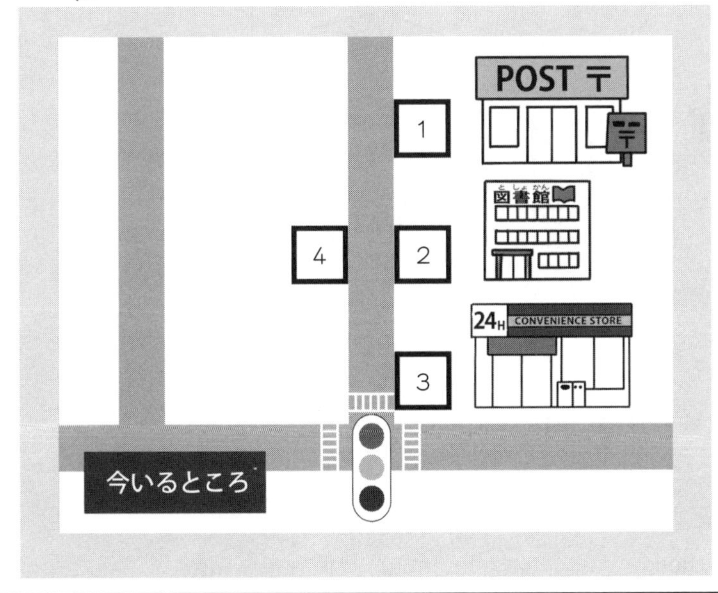

「そこ＝図書館」を とらえるのが ポイント。「少し 過ぎた ところ」なので、図書館では ありません。「小さな 郵便局の 前」も ヒントに なって います。　2×　1○

ことばと表現

□**過ぎる**：pass／过 / 越过／ đi quá

2ばん　正答3

〈発話者が これから どうするか〉を 問う 問題。　3rd 05

男の人と 女の人が 話して います。2人は 田中さんに 何を あげますか。

M：田中さん、来月 結婚するそうですよ。

F：え！　それじゃ、何かお祝いを あげたいですね。お花は どうですか。

M：いいですね。でも、それだけじゃ、ちょっと さびしいなあ。一緒に 何か あげませんか。長く 残る ものが いいです。お皿とか グラスとか。

F：でも、そういうのは 2人で 好きな ものを 選びたいと 思いますよ。私なら、手紙や カードの ほうが うれしいです。

M：それなら、これは どうですか。カフェの カードです。私たちが 先に お金を 払って おいて、渡すんです。そうすれば、ご主人と 一緒に 使えて、メニューも 自由に 選べるんですよ。カードに メッセージも 書けますし。

F：それはいいですね！　お金を そのまま 渡すより いいですね。

> 女の人の「お花は どうですか」に 対して 男の人が「いいですね」と 言って いる。男の人の「これは どうですか。カフェの カードです」に 対して 女の人が「それは いいですね」と 言って いる。　**3**○

2人は 田中さんに 何を あげますか。

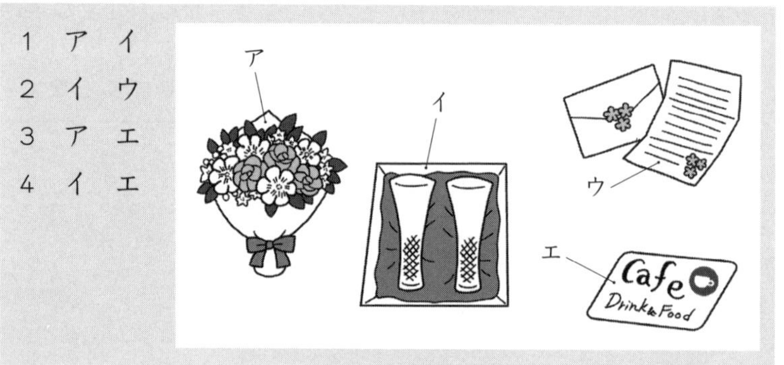

ことばと表現

□**お祝い**：祝うこと。祝う 気持ちを 表して、あげる もの。

□**さびしい**：ここでは「足りない、少ない」と いう 意味。

□**渡す**：hand over ／交出 / 递交／ đưa

□**主人**：master ／丈夫 / 老公／ chồng

□**ご主人**：人の 夫を 表す ていねいな 言い方。

3ばん　正答4

〈発話者が これから する 行動〉を 問う 問題。 3rd 06

女の人と ダンススクールの 人が 話して います。女の人は、この あと まず 何を しますか。

F：すみません。ここで ダンスが 習えると 聞いて 来たんですが……。
M：ええ。初めての **方**でも、**経験**の ある 方でも 大丈夫ですよ。
F：こういう 教室に 通うのは 初めてなんですが、最初に 何を 用意したら いいんでしょうか。
M：料金に ついては、まず 最初に 1万円、それから、**月々** 5千円です。それと、必要なのは、ダンス用の 服と くつです。
F：わかりました。
M：もし、お時間が あれば、この あと、練習に 参加して みませんか。**無料**で 1回、20分の レッスンが 受けられますけど……。
F：そうなんですか。でも、今日は 動きにくい 服なので……。見る だけでも いいですか。
M：もちろんです。6時から 次の レッスンが 始まります。
F：すぐですね。わかりました。

「練習に 参加して みませんか」と いう 誘いに 対して、「でも……なので。」と 断り、「見るだけでも いいですか」と 聞いて いる。 **3× 4○**

女の人は この あと まず 何を しますか。

1 お金を 用意する
2 服と くつを 用意する
3 練習に 参加する
4 練習を 見る

ことばと表現

□**方**：人の 丁寧な 言い方
□**経験**(する)：to experience ／经验／ kinh nghiệm
□**月々**：毎月、1カ月ごとに。
□**無料**：お金が かからないこと。

4ばん 正答3

〈聞き手の 立場で 話の 内容〉を とらえる 問題。

3rd 07

大学の 入学式で、2年生の 学生が 1年生に 話して います。パーティーは どこで 行われる 予定ですか。

M：今月 15日に、新しく 入学した 皆さんの ために、**歓迎**パーティーを 行います。**会場は** 学生ホールです。いつもは 食堂で 行いますが、現在、工事中の ため、今年は 学生ホールで することに なりました。図書館と第二体育館の 間の 建物で、その 1階です。学生ホールは、学生たちが いろいろな 活動に 使える 場所で、いつも にぎやかです。窓が 大きくて 気持ちが いいので、私は ここで よく 昼寝を しますけどね。なお、新しく なった 食堂は 5月から 使える ように なる そうです。会の 準備は 2年生が しますので、**新1年生**の 皆さんは、ぜひ、おいしい 料理と 新しい仲間との 会話を 楽しんで ください。

「会場」が 聞き取れな かったり、意味が わからなかったりしても、その あとの「今年は 学生ホールで することに なりました。」で 答えが わかります。 3○

パーティーは どこで 行われる 予定ですか。

ことばと表現

□歓迎（する）：welcome ／欢迎／ đón tiếp, chào đón

□会場：venue ／会场／ hội trường

□新～：「新しい～」と いう 意味。「～に」入る 言葉は 限られるので 注意。

例 新会社、新空港、新計画

5ばん　正答3

〈話者が これから すること〉を 答える 問題。

3rd 08

男の 学生と 女の 学生が 話して います。男の 学生は これから 何を しますか。

M：パーティー、あさってだね。準備は あと 何が 残ってるのかなあ。
F：もう、そんなに ないよ。部屋の 掃除も 田中さんと 森さんが 明日するし。
M：そうなんだ。料理は？
F：料理とかは、あさっての 11時ごろ 届くから、大丈夫。ああ……飲み物が 少し 足りないかも。
M：じゃ、ぼくが 買って おくよ。
F：そうね。じゃ、お願い。おかしは きのう、私が 買って おいたから。
M：ご苦労さま。
F：あさって、楽しみだね。
M：そうだね。

〈飲み物が 足りない⇒じゃ、買って 行く〉という 会話の 流れから わかります。　**3○**

男の学生は これから 何を しますか。

ことばと表現

□**準備(する)**：to prepare ／准备／ chuẩn bị
□**残る**：remain ／留有／ còn lại, còn
□**足りる**：enough ／够 / 充足／ đủ
□**ご苦労さま**：相手の 働きや 努力に ついて、お礼の 気持ちや ほめる 気持ちを 表す 言葉。

6ばん　正答1

〈話者が これから どうするか〉を 答える 問題。

3rd 09

バス停で、男の人と 女の人が 話して います。男の人は、このあと まず どの バスに 乗りますか。

M：すみません。市民病院に 行く バスは、この バス停で いいですか。
F：いえ、市民病院に 行く バスは、駅からは 出てないんですよ。でも、途中で 乗り換えたら 行けますよ。空港行きか 工業大学行きの バスに 乗って、途中で 緑山公園前で 降りて、乗り換えるんです。
M：緑山公園前ですね。わかりました。バスは ここから 出ますか。
F：ええ。でも、2番乗り場の ほうが 早いですね。空港行きが もうすぐ 来ると 思います。
M：わかりました。ありがとうございます。

男の人は、このあと まず どの バスに 乗りますか。

1　空港行きの バス
2　工業大学行きの バス
3　市民病院行きの バス
4　緑山公園前行きの バス

ここには 市民病院に 行く バスが ない。**3×**

まず、空港行きの バスに 乗って、途中で緑山公園前で 降ります。
1○　4×

ことばと表現

□**バス停**：bus stop ／公共汽车站／ bến xe buýt
□**途中**：on the way ／中途／ giữa chừng
□**乗り換える**：transfer ／换车／ đổi tàu, xe
□**乗り場**：platform ／乘车处／ bến xe, bến tàu

7ばん　正答4

〈話者が これから どうするか〉を 答える 問題。　3rd 10

レストランで、男の人と 女の 学生が 話して います。女の 学生は、明日、何時から 働きますか。

M：中川さん、よかったら、明日も アルバイトに 来て くれない？ 山田くんが 熱を 出した みたいで、休むって。午前は 10時とか 11時くらいまでは お客さんが 少ないから 大丈夫だと 思うんだけど、その あとが ちょっと 大変そうでね。

F：11時ですか……。明日は 12時から 予定が あるんです。夕方からだったら、大丈夫だと 思うんですが。

M：じゃ、夕方5時からは どう？ 10時から 5時までは、ほかの 人に 頼むよ。

F：わかりました。じゃ、明日 よろしく お願いします。

女の 学生は、明日、何時から 働きますか。

1　午前 10時
2　午前 11時
3　昼 12時
4　午後5時

「夕方5時から」と 言われて、「わかりました」と 答えて いる。　4○

ことばと表現

□頼む：お願いする。

8ばん　正答2

〈話者が これから すること〉を 答える 問題。

3rd 11

クッキーの 店で、店の人が アルバイトの 女の人に 話して います。アルバイトの 女の人は まず 何を しますか。

M：では、これから やって いただく 仕事の 説明を します。クッキーは 袋に 入って います。これが そうです。この 袋を 箱に 入れて ください。箱は、大きいのと 小さいの、2種類 あります。箱に 入れたら、今度は この ピンクの 紙で 包みます。あ、包む 前に、この シールを 貼ります。右下の、この あたりです。まっすぐ 貼って ください。最後に 小さい リボンを 付けますが、まだ 準備できて いないので、あとで また 説明します。まあ、すぐ おぼえられます。

アルバイトの 女の人は まず 何を しますか。

クッキーは すでに ふくろに 入って います。　1 ×

まず、袋を 箱に 入れます。　2 ○

「箱に 入れたら、今度は……」から 「紙で つつむ」のが 後だと、わかります。　3 ×

「最後に」や 「最初に／はじめに」は よく 使われる キーワードです。　4 ×

ことばと表現

□クッキー：cookie ／饼干／ bánh bích quy

□袋：bag ／袋／ túi

□種類：kinds ／种类／ chủng loại

□今度：next time ／今后 / 下次／ lần tới

□包む：wrap ／包／ bọc, gói

□貼る：stick ／贴／ dán

□リボン：ribbon ／丝带／ nơ

□付ける：wear ／打上 / 附上／ đính

□準備(する)：to prepare ／准备／ chuẩn bị

もんだい２（ポイント理解）

れい　正答３

3rd 13

※第１回と 同じ（→ p.37 参照）

１ばん　正答２

〈発話者の 行動の 理由〉を 問う 問題。

3rd 14

男の人と 女の人が 話して います。男の人は、昨日、どうして アルバイトを 休みましたか。

M：昨日は 急に 休んで、すみませんでした。
F：いえ、気に しないで ください。それより、もう 働いても 大丈夫なんですか。風邪で 熱が 高かったんですよね。
M：いや、昨日は もう 下がってたんです。でも、声が 全く 出なくて。これじゃ、電話にも 出られないし、ほかの スタッフとも 話せないと 思って、店長に メールしたんです。
F：そうだったんですか。病院には 行きましたか。
M：はい。お休みを もらったので、昨日 行って きました。薬を 飲んだら、だいぶ よく なりました。
F：それは よかった。でも、まだ 痛いでしょう？ 無理しないで くださいね。
M：ありがとうございます。

男の人は、昨日、どうして 仕事を 休みましたか。

1 熱が 高かったから
2 声が 出なかったから
3 病院に 行きたかったから
4 頭が 痛かったから

> 女の人は 〈（男の人が）熱が 高かったから、仕事を 休んだ〉と 思ったが、男の人は 否定した。　１×

> 「声が 全く 出ない ⇒その ため、仕事が できないと 思った」と いう 内容。　２〇

> 〈仕事を 休んだので（理由）⇒病院に 行った〉です。〈病院に 行きたいから（理由）、仕事を 休んだ〉では ありません。　３×

ことばと表現

□電話に 出る：answer the phone ／接电话／ nghe điện thoại
□無理（を）する：overdo ／勉强／ cố gắng quá

2ばん 正答4

〈特定の 日の 予定〉を 答える 問題。

3rd 15

テレビで レポーターが 話して います。この お店は、今月 どんなことが ありますか。今月です。

F：青山駅の すぐ そばに、今年 3月、チーズケーキの 専門店が オープンしました。もちろん、その 味が 人気なのですが、楽しい プレゼントも 人気のようです。先月は、子どもたちに クッキーの プレゼントが ありましたが、今月は、ほしいと いう 方 全員に メッセージカードを プレゼントして いるそうです。お店の メニューは 現在 5種類ですが、少しずつ 増やして いきたい そうです。これから どんな チーズケーキが 食べられるか、楽しみですね。また、注文を 受けて、特別な ケーキを 作る ことも できるそうです。家族や 友だちの 誕生日に 利用しても いいですね。

この お店は、今月 どんな ことが ありますか。今月です。

1 新しい チーズケーキが 出る
2 誕生日の 人は 安く なる
3 子どもたちは クッキーが もらえる
4 ほしい 人は カードが もらえる

「先月は… 今月は…」と いう 話の 流れを 聞き取るのが ポイントです。 **4○**

子どもたちが クッキーを もらえたのは、先月の こと。 **3×**

「これから」だけでは、「今月の こと」とは いえない。 **1×**

ことばと表現

□**専門店**：specialty store ／专店／ cửa hàng chuyên biệt
□**種類**：kinds ／种类／ chủng loại
□**特別な**：special ／特别的／ đặc biệt

3ばん　正答1

〈発話者たちが 話し合った 結果、決まったこと〉に ついて 答える 問題。 3rd 16

男の人と 女の人が 話して います。2人は 会場まで 何で 行きますか。

M: 来週の コンサート、会場まで どうやって 行く？
F: うーん。電車が 一番 安いけど、帰りが 混みそうだよね。
M: そうだね。でも、タクシーじゃ、お金が かかりすぎるし……。自転車は？
F: コンサートの 前に 疲れちゃいそう。車で 行かない？　家の 車を 借りて 私が 運転するから。
M: ユミにだけ 運転して もらうのは 悪いよ。それに、道が 混んでたら、時間通りに 着かないかもしれないよ。
F: それは 困る！　うーん……。そんなに 遠くないし、帰るときに 混むのは 仕方ないか。
M: うん。

2人は 会場まで 何で 行きますか。

1　電車
2　タクシー
3　自転車
4　車

電車で 行くのが いやだった 理由は「帰りが 込みそう」だから。最後に「帰るときに 混むのは 仕方ないか」と 言って いるので、電車に 決めた ことが わかる。

1○

※「仕方ないか」の「か」は、軽い 疑問の 形で 相手に 同意を 求めている。

例 そろそろ 帰ろうか。／やっぱり これに するか。

ことばと表現

□運転する：drive ／开车／ lái xe
□時間通り：on time ／按时／ đúng giờ
□仕方ない：it can not be helped ／没办法／ không còn cách nào khác

4ばん　正答4

〈話者が 相談して 決まったこと〉を 答える 問題。

3rd 17

留学生が 男の人と 話して います。留学生は 夏休みに 何を しますか。

M$_1$：ソンさん、もうすぐ 夏休みですね。実は、クラスの みんなで キャンプを しようと 思って いるんですが、ソンさんも いっしょに どうですか。

M$_2$：キャンプですか。

M$_1$：ええ。海の 近くで キャンプを して、魚を つって 食べたり、泳いだり しようと 思って います。夜は 花火も する 予定です。きっと 楽しいですよ。

M$_2$：楽しそうですね。いつの 予定ですか。

M$_1$：8月の 最初の 土日の 予定です。

M$_2$：土日ですか。土日は アルバイトが 休めないんです。土日は 特に 忙しいので。

M$_1$：そうなんですか。残念ですね。あ、じゃあ、お祭りに 行きませんか。ソンさんの アルバイトは 昼でしたよね。お祭りは 土曜日ですが、夜ですから。

M$_2$：そうなんですか。日本の お祭りに 行った ことが ないので、行きたいです。

M$_1$：店で 食べものを 買って、食べながら 花火を 見ましょう。

M$_2$：花火も あるんですか。いいですね。楽しみです。

土日の キャンプに 行く ことが できません。　1 ×

お祭りは アルバイトを 休まなくても いいです。　3 ×

お祭りに 花火も あります。　4 ○

留学生は 夏休みに 何を しますか。

1 海で 魚を つったり、泳いだり する
2 キャンプに 行って、花火を する
3 アルバイトを 一日 休んで、おまつりに 行く
4 おまつりに 行って、花火を 見る

ことばと表現

□**キャンプ**：camp ／野营／ trại

□**つる**：to fish ／钓／ câu cá

□**花火**：firework ／烟花／ pháo hoa

5ばん　正答3

〈話者が そう なった 理由〉を 答える 問題。　3rd 18

男の人と 女の人が 話して います。男の人は、どうして 約束の 時間に 遅れましたか。

M：遅くなって ごめん！　30分も……。
F：もう！　遅すぎるよ。また 寝坊？
M：違うよ。ちゃんと 起きたんだけど、家を 出る 前に スマホが 見つからなくて……。探してたら、出るのが 遅くなっちゃったんだよ。
F：30分も見つからなかったの？
M：いや、15分くらい。その あと、電車も なかなか 来なくて。事故が あった みたいなんだよ。バスに するか 迷ったんだけどね。そのほうが 遅くなるかもしれないと 思って。
F：あ、そう……。・・・あ、ほんとだ。みなと町線で 事故って、ニュースになってるね。
M：あ、それそれ。

寝坊は 否定して いる。　1・2×

家では スマホを 探す ことに なり、その あと 電車も 遅れた。　3○

バスは 使わない ことに した。　4×

男の人は、どうして 約束の 時間に 遅れましたか。

1　寝坊して、スマホが 見つからなかったから
2　寝坊して、電車も 遅れたから
3　スマホが 見つからなくなり、電車も 遅れたから
4　電車が 遅れ、バスも 時間が かかったから

ことばと表現

□寝坊：overslept ／睡过头／ ngủ quên
□事故：accident ／事故／ tai nạn
□迷う：get lost ／迷路／ lạc đường

6ばん　正答3

〈話者が どうして そんな 様子なのか〉を 答える 問題。

3rd 19

女の人と 男の人が 話して います。男の人は、どうして あまり 食べないのですか。

F：あれ、今日は あまり 食べてないね。それ、好きじゃない？
M：いや、好きだよ。
F：じゃ、ダイエット？　そんなこと ないか。ああ、お昼ごはん、遅かった？
M：いや、お昼は 普通だったんだけどね。夕方に ちょっと、おかしを 食べすぎた みたい。
F：なんだ。だめじゃない。
M：うん。あんなに 食べなきゃ よかった。

おかしを たくさん 食べたから、おなかが すいて いない。　**3**○

男の人は、どうして あまり 食べないのですか。

1　好きな 料理じゃないから
2　お昼ごはんが おそかったから
3　おかしを たくさん 食べたから
4　ダイエットしているから

ことばと表現

□**～すぎる**：too ~ ／过于～／ ~ quá

7ばん　正答4

〈話者が いつ そう するか〉を 答える 問題。

3rd 20

男の 学生と 女の 学生が 話して います。明日、男の 学生は、何時に 学校を 出ますか。

M：明日、夕方 6時に 空港に 行かないと いけないんだけど、何時くらいに 学校を 出れば 間に合うかなあ。5時半でも 大丈夫？

F：空港までは バスで 20分くらいだけど、夕方だから 混むかも。50分くらい 前に 出た ほうが いいんじゃ ないかな。

M：そっか。じゃ、ちょっと 早めに、1時間前に 出る ことに するよ。

F：うん、それが いいと 思う。

「夕方6時」の 1時間前に 学校を 出る。　4○

明日、男の 学生は、何時に 学校を 出ますか。

1　夕方 6時
2　夕方 5時半
3　夕方 5時 10分
4　夕方 5時

ことばと表現

□**間に合う**：be in time ／来得及／ kịp giờ
□**混む**：crowded ／拥挤／ đông đúc

もんだい3（発話表現）

れい　正答3

※第1回と 同じ（→ p.45 参照）

1ばん　正答2

友達が 授業に 遅れる ことを 先生に 伝えます。何と 言いますか。

M：1　キムさんは 遅れやすいです。
　　2　キムさんは 遅れる そうです。
　　3　キムさんは 遅れる つもりです。

ことばと表現

□**遅れる**：be late ／晩 / 迟到／ chậm, muộn
□**～やすい**：～することが 多い。
□**～つもり**：～します、～する 予定です。自分の 気持ちや 予定を 表す。

2ばん　正答1

友達が せきを しています。何と 言いますか。

F：1　病院に 行ったら どう？
　　2　病院に 行く ように する？
　　3　病院に 行っても いい？

ことばと表現

□**せき**：cough ／咳嗽／ ho
□**～ように する**：「～する こと」を めざして 努力する。
□**～ても いい（ですか）？**：「～する こと」は かまわないですか。相手に 許可を もらう ときに 使う。

3ばん　正答1

部長と 食事を した あと、お金を 払って もらいました。部長に 何と 言いますか。

M：1　ごちそうさまでした。
2　ごめんください。
3　失礼しました。

ことばと表現

□**ごめんください**：だれかの 家を 訪ねた ときに 言う 言葉。

□**失礼しました**：(相手に 対して する ことに ついて) 何か ミスを して 謝る ときに 使う。また、部屋を 出る ときにも 使う。

4番　正答2

アルバイトで やって みたい 仕事が あります。店長に 何と 言いますか。

M：1　その 仕事、私でいいんですか。
2　その 仕事、私にやらせて ください。
3　その 仕事、私がさせられます。

ことばと表現

□**～でいいんですか**：本当に ～で いいのか、確認する ときに 使う。

□**～(さ)せてください**：自分が したい ことに ついて 許可を もらう ときに 使う。ていねいな 言い方は「～させて くださいませんか」。

□**～させられます**：使役受け身の 表現。

5番　正答3

スマホを 忘れたので、友達の 電話を 使いたいです。何と 言いますか。

M：1　ごめん、ちょっと 電話を 借りて くれない？
2　ごめん、ちょっと電話を借りたら いい？
3　ごめん、ちょっと 電話を 借りて もいい？

ことばと表現

□**～て くれない？**：相手に「～する」ことを 頼む 表現。「～て くれない？」は 友達や 家族などに 使う 言い方。ふつうの 言い方は「～て くれませんか」。

□**～たらいい(ですか)？**：相手に アドバイスを もらう 表現。

例 本を 何さつ 借りたら いいですか。

もんだい4（即時応答）

れい　正答2

30

※第1回と 同じ(→ p.49 参照)

1ばん　正答1

31

M：さっき 山田さんに 呼ばれた そうだね、どうしたの？

F：1　どうして 知ってるんですか。
　　2　ええ、山田さんは 呼ばれてましたね。
　　3　何か あったんでしょうか。

女の人が 山田さんに 呼ばれた。男の人は、その ことを ほかの 人から 聞いた。「～そう」は、人から 聞いたこと。

他のせんたくし／Other options

3 → 何か 問題が あったか、聞くときの表現。

2ばん　正答3

32

F：何か あったら、何でも 言って ください。

M：1　そんなことが あったんですか。
　　2　じゃ、みなさんに 言って おきます。
　　3　はい、相談しますね。

「何でも 言って ください」は、「わからないことや 困ったことなどが あれば、私に 言って くださいね」と いう 意味。

3ばん　正答3

33

M：食事の お店、どこに しましょうか。

F：1　ええ、そうしましょう。
　　2　それ、どこに あるんですか。
　　3　どこでも いいですよ。

どこが いいか、意見を 聞いて いる。だから、「どこでも いい」と いう 自分の 意見を 言った。

4ばん　正答1

34

F：こんにちは、田中さん。お元気でしたか。

M：1　はい。お久しぶりです。
　　2　はい。よかったです。
　　3　はい。こちらこそ。

「お元気でしたか」は、長く 会って いなかった ときに 使う。だから、答えは「お久しぶりです」。

5ばん　正答3

35

M：あ、もう、こんな 時間。そろそろ 失礼します。

F：1　いらっしゃい、どうぞ。
　　2　おじゃましました。
　　3　また 来て くださいね。

「(その 場所に いるのを 終わりに して) これから 帰る」と 伝えるときに 言う。

他のせんたくし／Other options

2 → 相手の 家や 会社などを 訪ねた 場合で、帰るときに 言う。

6ばん　正答2

F：森さん、このペン、森さんのじゃありませんか。

M：1　森さんの かもしれませんね。
　2　あ、そうです。私のです。
　3　どこに あるか、わからないんです。

ことばと表現

□～さんの：「～さんの N」と いう 意味。ここでは「森さんの ペン」。

7ばん　正答1

M：うーん……。このカギ、開けにくいなあ。

F：1　私が やって みましょうか。
　2　じゃ、開けて くれませんか。
　3　カギを 閉めた ほうが いいですね。

〈相手は「開けようと して いる」「開けたい」⇒それを 助ける〉と いう 内容。

他のせんたくし／Other options

2→「開けて ください」と お願いして いる。

3→「カギを した ほうが いい」と いう アドバイス(advice)。

8ばん　正答1

F：その荷物、重そうですね。1つ 持ちましょうか。

M：1　ありがとうございます。大丈夫です。
　2　持って あげたいですね。
　3　ええ、持ちましょう。

「持って あげる」と 言われて、「大丈夫です。自分で 持ちます」と 答えている。

合格への 直前チェック

試験に 出る 重要語句・文型リスト

List of Important Words/Phrases and Sentence-structures for the Test

---

文字 ◆ 訓読みに 注意したい 漢字
／音読みに 注意したい 漢字
／ N4 レベルの 漢字を チェック！

語彙 ◆ 意味の 似て いる 言葉

文法 ◆ よく 出る 基本文型 64

読解 ◆ 読解問題に 出る キーワード

聴解 ◆ 聴解問題に 出る キーワード

文字(もじ)

訓読み(くんよ)に 注意(ちゅうい)したい 漢字(かんじ)

□ 空	す－く	おなかが **空(す)く**
	あ－く	席(せき)が **空(あ)く**
	そら	青(あお)い **空(そら)**
	から	箱(はこ)が **空(から)**
□ 止	と－める	タクシーを **止(と)める**
	や－める	旅行(りょこう)を **止(や)める**
□ 出	で－る	試合(しあい)に **出(で)る**
	だ－す	ゴミを **出(だ)す**
□ 入	はい－る	部屋(へや)に **入(はい)る**
	い－れる	カバンに **入(い)れる**
□ 始	はじ－まる	9時(じ)に 授業(じゅぎょう)が **始(はじ)まる**
	はじ－める	先生(せんせい)が 授業(じゅぎょう)を **始(はじ)める**
□ 集	あつ－める	切手(きって)を **集(あつ)める**
	あつ－まる	入(い)り口(ぐち)に 人(ひと)が **集(あつ)まる**
□ 足	あし	**足(あし)**が 痛(いた)い
	た－りる	お金(かね)が **足(た)りない**
□ 開	ひら－く	店(みせ)が **開(ひら)く**
	あ－ける	ドアを **開(あ)ける**
□ 起	お－きる	9時(じ)に **起(お)きる**
	お－こす	娘(むすめ)を **起(お)こす**
□ 上	うわ	**上(うわ)**着(ぎ)を 着(き)る
	うえ	机(つくえ)の**上(うえ)**に 置(お)く、**上(うえ)**の 棚(たな)
□ 間	あいだ	休(やす)みの **間(あいだ)**
	ま	**間(ま)**に合(あ)う、昼(ひる)**間(ま)**
□ 話	はなし	先生の**話(はなし)**
	はな－す	友達と**話(はな)す**
□ 分	わ－ける	二人(ふたり)で**分(わ)ける**
	わ－かる	日本語(にほんご)が**分(わ)かる**

音読み(おんよ)に 注意(ちゅうい)したい 漢字(かんじ)

□ 日	ニチ	毎**日**(まいにち)
	ジツ	休**日**(きゅうじつ)
□ 人	ジン	日本**人**(にほんじん)
	ニン	**人**形(にんぎょう)
□ 地	ジ	**地**震(じしん)
	チ	**地**図(ちず)
□ 便	ビン	ゆう**便**(びん)
	ベン	**便**利(べんり)
□ 分	フン	5**分(ふん)** かかる
	プン	3**分(ぷん)**で できる
	ブン	十**分**(じゅうぶん) 足(た)りる

N4 レベルの 漢字(かんじ)を チェック！①

□**悪** わる－い

例 悪(わる)い ニュース／天気(てんき)が 悪(わる)い。

□**暗** くら－い

例 暗(くら)い部屋(へや)

□**以** イ

例 10人以上(にんいじょう)、18歳以下(さいいか)、1週間以内(しゅうかんいない)

□**医** イ　例 医者(いしゃ)

□**意** イ

例 意見(いけん)、意味(いみ)

□**引** ひ－く

例 線(せん)を 引(ひ)く、1000円引(えんび)く、割引(わりびき)

□**員** イン

例 店員(てんいん)、会社員(かいしゃいん)

□**院** イン

例 病院(びょういん)、大学院(だいがくいん)

□**運** ウン／はこ－ぶ

例 運動(うんどう)、テーブルを 運(はこ)ぶ

□**映** エイ　例 映画(えいが)

□**遠** とお－い

例 駅(えき)から 遠(とお)い

□**屋** オク／や

例 屋上(おくじょう)、屋根(やね)、パン屋(や)

□**音** オン／おと

例 音楽(おんがく)／音(おと)が 鳴(な)る。／音(おと)が 聞(き)こえる。／音(おと)が する。

□**夏** なつ

例 夏休(なつやす)み、真夏(まなつ)

□**家** カ／いえ　や

例 家族(かぞく)、小説家(しょうせつか)、家(いえ)の 近所(きんじょ)、家賃(やちん)、大家(おおや)

□**歌** カ／うた　うた－う

例 歌手(かしゅ)、歌声(うたごえ)

□**画** ガ　カク

例 映画(えいが)、テレビの 画面(がめん)、画家(がか)、計画(けいかく)

□**回** カイ／まわ－る　まわ－す

例 今回(こんかい)・次回(じかい)・前回(ぜんかい)、毎回(まいかい)／かぎが 回(まわ)らない／京都(きょうと)を 回(まわ)る

□**海** カイ／うみ

例 海岸(かいがん)、海外旅行(かいがいりょこう)、海(うみ)の 生(い)き物(もの)

□**界** カイ　例 世界(せかい)

□**開** カイ／ひら－く　あ－く　あ－ける

例 開店(かいてん)、本(ほん)を 開(ひら)く、10時(じ)に 開(あ)く、窓(まど)を 開(あ)ける

□**楽** ガク　ラク／たの－しい　たの－しむ

例 音楽(おんがく)、楽(らく)な 仕事(しごと)、楽(たの)しい 旅行(りょこう)、スポーツを楽(たの)しむ

□**寒** カン／さむ－い

例 寒(さむ)い季節(きせつ)

□**漢** カン　例 漢字(かんじ)

□**館** カン

例 映画館(えいがかん)、図書館(としょかん)、体育館(たいいくかん)、館内(かんない)

□**顔** ガン／かお

例 顔(かお)を 洗(あら)う

□**起** お－きる　お－こる　お－こす

例 7時(じ)に 起(お)きる／事故(じこ)が 起(お)きる・起(お)こる。／娘(むすめ)を 起(お)こす

□**帰** キ／かえ－る　かえ－す

例 帰国(きこく)、家(いえ)に 帰(かえ)す

□**究** キュウ　例 研究(けんきゅう)

□**急** キュウ／いそ－ぐ

例 急(きゅう)な 仕事(しごと)、急(きゅう)に 泣(な)く、急行(きゅうこう)、急(いそ)いで 帰(かえ)る

□**牛** ギュウ／うし

例 牛乳(ぎゅうにゅう)、牛肉(ぎゅうにく)、子牛(こうし)

□**去** キョ

例 去年(きょねん)

□**京** キョウ

例 東京(とうきょう)、京都(きょうと)

□**強** キョウ／つよ－い

例 強風(きょうふう)、強(つよ)い チーム

□**教** キョウ／おし－える

例 教育(きょういく)、教師(きょうし)、ダンスを 教(おし)える

□**業** ギョウ

例 工業(こうぎょう)、自動車産業(じどうしゃさんぎょう)

□**近** キン／ちか－い

例 近所(きんじょ)、駅(えき)から 近(ちか)い

□**銀** ギン　例 銀行(ぎんこう)

□**区** ク

例 東京都(とうきょうと) ○○区(く) △△町(ちょう)、○○区(く)の 計画(けいかく)

N4 レベルの 漢字を チェック！②

□**兄** ケイ／あに
例 兄弟、兄に 習う

□**計** ケイ／はか－る
例 計画、計算、合計、時間を 計る

□**軽** かる－い
例 軽い 荷物、軽い 運動、軽い けが

□**犬** いぬ 例 子犬

□**建** た－てる た－つ
例 家を 建てる、建物、駅ビルが 建つ

□**研** ケン 例 研究

□**県** ケン
例 広島県、県の 美術館

□**験** ケン 例 経験

□**元** ゲン 例 元気

□**口** コウ／くち
例 人口、口を 開ける、入口・出口

□**工** コウ 例 工場

□**広** ひろ－い 例 広い 庭

□**光** ひか－る ひかり
例 青く 光る、月の 光

□**好** す－き
例 好きな 食べ物

□**考** かんが－える
例 よく 考えて 決める

□**合** ゴウ／あ－う
例 集合、赤ワインに 合う、答えが 合う

□**黒** コク／くろ くろ－い
例 黒板、黒の ペン、黒い セーター

□**菜** サイ 野菜

□**作** サク サ／つく－る
例 作文、作業、料理を 作る

□**産** サン／う－む う－まれる
例 生産、産業、赤ちゃんを*産む、子どもが*産まれる ＊「生」が使われることが多い。

□**止** シ／と－まる と－める
例 中止、時計が 止まる、機械を 止める

□**仕** シ 例 仕事

□**市** シ 例 市役所、市の計画

□**死** シ／し－ぬ
例 病気で 死ぬ

□**私** わたくし わたし
例 私 たち

□**使** シ／つか－う
例 大使館、使用中

□**始** はじ－める はじ－まる
例 作業を 始める／授業が 始まる

□**姉** シ／あね 例 姉妹、私の 姉

□**思** おも－う
例 思ったことを 書く

□**紙** シ／かみ
例 コピー用紙、新聞紙

□**試** シ 例 試験

□**字** ジ
例 漢字、難しい 字

□**自** ジ
例 自動車、自転車、自分

□**事** ジ／こと
例 事故、火事、用事、大事な 話、自分の事、仕事

□**持** も－つ 例 かばんを 持つ

□**室** シツ
例 教室、研究室

□**質** シツ 例 質問

□**写** シャ／うつ－す
例 写真、ノートに 写す

□**者** シャ
例 新聞記者、入学者、研究者

□**借** シャク／か－りる
例 お金を 借りる

□**弱** よわ－い 例 力が 弱い。

□**主** おも 例 主な 産業

□**首** くび 例 首が 痛い。

□**秋** あき 例 秋の 野菜

□**終** お－わる お－える
例 授業が 終わる。／作業を 終える。

□**習** シュウ／なら－う
例 学習、ピアノを 習う

N4レベルの 漢字(かんじ)を チェック！③

□集　シュウ／あつ－まる　あつ－める
例 集合(しゅうごう)、駅(えき)に 集(あつ)まる、ゴミを 集(あつ)める

□住　ジュウ／す－む
例 住所(じゅうしょ)、親(おや)と いっしょに 住(す)む

□重　おも－い　例 重(おも)い 荷物(にもつ)

□春　はる
例 もうすぐ 春(はる)が やって来(く)る。

□所　ショ／ところ
例 場所(ばしょ)、事務所(じむしょ)、行(い)きたい所(ところ)

□暑　あつ－い　例 暑(あつ)い日(ひ)

□乗　ジョウ／の－る　の－せる
例 乗車(じょうしゃ)、バスに 乗(の)る、テーブルの 上(うえ)に 乗(の)せる

□場　ジョウ／ば
例 会場(かいじょう)、場所(ばしょ)、タクシー乗(の)り場(ば)、場合(ばあい)

□色　ショク／いろ
例 3色(しょく)の ボールペン、黄色(きいろ)

□心　こころ
例 心(こころ)から お礼(れい)を言(い)う、心(こころ)と 体(からだ)

□真　シン／ま
例 写真(しゃしん)、真(ま)っすぐ、真(ま)ん中(なか)

□進　すす－む　すす－める
例 前(まえ)に 進(すす)む、作業(さぎょう)を 進(すす)める

□森　もり　例 森(もり)の 中(なか)に 池(いけ)が ある。

□親　シン／おや
例 両親(りょうしん)、親子(おやこ)、父親(ちちおや)、母親(ははおや)

□図　ズ　ト　例 地図(ちず)、図書館(としょかん)

□世　セ　例 世界(せかい)

□正　ショウ／ただ－しい
例 正月(しょうがつ)、正(ただ)しい 答(こた)え

□声　こえ　例 きれいな 声(こえ)

□青　あお　あお－い
例 青(あお)の ペン、青(あお)い 空(そら)

□夕　ゆう　例 夕方(ゆうがた)

□赤　あか　あか－い
例 赤信号(あかしんごう)、赤(あか)い 靴(くつ)

□切　セツ／き－る　き－れる
例 大切(たいせつ)な 思(おも)い出(で)、髪(かみ)を 切(き)る、切手(きって)、電話(でんわ)が 切(き)れる

□説　セツ　例 説明(せつめい)

□洗　あら－う　例 手(て)を 洗(あら)う

□走　はし－る　例 駅(えき)まで 走(はし)る

□送　ソウ／おく－る
例 郵送(ゆうそう)、荷物(にもつ)を 送(おく)る、メールを 送(おく)る

□族　ゾク　例 家族(かぞく)

□村　ソン／むら
例 市町村(しちょうそん)、小(ちい)さな 村(むら)

□太　ふと－い　例 太(ふと)い うで

□体　タイ／からだ
例 体調(たいちょう)、大(おお)きな 体(からだ)

□待　ま－つ　例 電車(でんしゃ)を 待(ま)つ

□貸　か－す　例 本(ほん)を 貸(か)す

□代　ダイ／か－わる
例 バス代(だい)、電話代(でんわだい)、時代(じだい)、～さんと 代(か)わる、社長(しゃちょう)の 代(か)わりに

□台　ダイ　例 台所(だいどころ)

□題　ダイ　例 問題(もんだい)、宿題(しゅくだい)

□短　タン／みじか－い
例 短時間(たんじかん)、短(みじか)いえんぴつ

□地　チ　例 地図(ちず)、地下(ちか)

□池　いけ　例 古(ふる)い池(いけ)

□知　し－る
例 知(し)らせる、知(し)らない人(ひと)

□茶　チャ
例 紅茶(こうちゃ)、お茶(ちゃ)

□着　チャク／き－る　き－せる　つ－く
例 10時(じ)30分着(ぷんちゃく)の 電車(でんしゃ)、着物(きもの)を 着(き)る、服(ふく)を 着(き)せる、東京(とうきょう)に 着(つ)く

□注　チュウ
例 注意(ちゅうい)、注文(ちゅうもん)

□昼　チュウ／ひる
例 昼食(ちゅうしょく)、昼休(ひるやす)み

□町　チョウ／まち
例 市町村(しちょうそん)、町(まち)を きれいに する

□鳥　とり　例 小鳥(ことり)

□朝　チョウ／あさ
例 朝食(ちょうしょく)、朝(あさ)ごはん

N4レベルの 漢字を チェック！④

□**通**　ツウ／とお-る　とお-す　かよ-う

例 交通、毎日 通る 道、通り、大学に 通う／前を 通して ください。

□**低**　ひく-い　例 背が低い

□**弟**　ダイ／おとうと

例 兄弟

□**転**　テン　例 運転

□**田**　た　例 田んぼ

□**都**　トツ

例 東京都、都合

□**度**　ド　例 今度

□**冬**　ふゆ　例 冬の 寒さ

□**答**　トウ／こた-える　こた-え

例 解答、質問に 答える、問題の 答え

□**頭**　あたま　例 頭が いたい

□**同**　おな-じ　例 同じ クラス

□**動**　ドウ／うご-く

例 運動／時計が また 動きだした。

□**堂**　ドウ　例 食堂

□**働**　はたら-く　例 9時から 働く

□**特**　トク　例 特別

□**肉**　ニク

例 豚肉、牛肉

□**売**　う-る　例 高く 売る

□**発**　ハツ　例 発音

□**飯**　ハン　例 朝ご飯

□**病**　ビョウ　例 病気

□**品**　ヒン／しな　例 品物

□**不**　フ　例 不便

□**風**　フウ／かぜ

例 台風、気持ちの いい 風

□**服**　フク　例 服を着る

□**物**　ブツ／もの

例 動物、品物

□**文**　ブン　例 文学

□**別**　ベツ／わか-れる

例 特別、友達と 別れる

□**便**　ベン　ビン／たよ-り

例 便利、郵便、お便り

□**勉**　ベン　例 勉強

□**歩**　ホ／ある-く

例 歩道、歩く

□**方**　ホウ／かた

例 地方、こっちの方、あの方

□**妹**　マイ／いもうと

例 妹

□**味**　ミ／あじ

例 趣味、おいしい 味／味が しない

□**民**　ミン　例 市民

□**明**　メイ／あか-るい

例 説明、明るい 部屋

□**門**　モン

例 学校の 門、専門

□**問**　モン

例 問題、質問

□**夜**　ヤ／よる

例 今夜、夜８時

□**野**　ヤ／の

例 野球、野原

□**薬**　くすり　例 薬を 飲む

□**有**　ユウ／あ-る

例 有名、シャワーの 有る 部屋

□**用**　ヨウ

例 用事、用意

□**洋**　ヨウ　例 西洋

□**曜**　ヨウ　例 曜日

□**理**　リ　例 理由

□**旅**　リョ　例 旅行

□**料**　リョウ　例 料理

□**力**　リョク／ちから

例 日本語能力試験／力が 強い。

□**林**　はやし

例 林の 中を 通る

語彙　意味の似ている言葉

動詞

□ 取り替える　例 カーテンを 取り替える
to change curtains ／换窗帘／ thay rèm

□ 替える　例 電池を 替える
to replace batteries ／换电池／ thay pin

□ 準備(する)　例 旅行の 準備を する
to prepare for a trip ／准备旅行／ chuẩn bị đi du lịch

□ 用意(する)　例 プレゼントを 用意する
to prepare a present ／准备礼物／ chuẩn bị quà tặng

□ 働く　例 週に 5日 働く
to work five days a week ／一周工作五天／ tuần làm việc 5 ngày

□ 仕事(する)　例 貿易に 関する 仕事
trade-related work ／有关贸易方面的工作／ công việc liên quan tới ngoại thương

□ 勤める　例 A社に 勤める
to work for company A ／在 A 公司工作／ làm việc tại công ty A

□ 連絡(する)　例 家に 連絡する
to contact the family ／跟家里联系／ liên lạc về nhà

□ 知らせる　例 みんなに 知らせる
to let everybody know ／通知大家／ thông báo cho mọi người

□ 中止(する)　例 計画を 中止する
to cancel the plan ／取消计划／ hủy kế hoạch

□ やめる　例 行くのを やめる
to stop going ／不去了／ thôi không đi nữa

□ 出発(する)　例 8時に 出発する
to leave at 8 o'clock ／ 8 点出发／ 8xuất phát lúc 8 giờ

□ 出る　例 部屋を 出る
to leave a room ／离开学校／ ra khỏi phòng

□ 案内(する)　例 学校を 案内する
to show around the school ／带着参观学校／ hướng dẫn thăm quan trường

□ 紹介(する)　例 友達を 紹介する
to introduce a friend ／介紹朋友／ giới thiệu bạn

□ 要る　例 パスポートが 要る
to need a passport ／要护照／ cần có hộ chiệu

□ 必要(な)　例 必要な 情報
necessary information ／必要的情报／ thông tin cần thiết

□ 驚く　例 日本に 来て 驚いたこと
the things I was surprised at when I came to Japan ／来日本感到吃惊的事／ chuyện thấy bất ngờ khi đến Nhật Bản

□ びっくり(する)
例 びっくりするような 値段
amazing price ／惊人的价格／ mức giá giật mình

□ 呼ぶ　例 店員を 呼ぶ
to call a clerk ／叫店员／ gọi nhân viên quán

□ 招待(する)　例 家に 招待する
to invite into one's home ／招待来家作客／ mời đến nhà

□ お願い(する)
例 先生に お願いする
to ask a teacher a favor ／请教老师／ nhờ thầy giáo

□ 頼む　例 友達に 頼む
to ask a friend a favor ／求朋友 nhờ bạn

□ 計画(する)　例 旅行を 計画する
to plan a travel ／计划旅行／ lên kế hoạch du lịch

□ 予定(する)　例 夏休みの 予定
a plan for summer vacation ／暑假计划／ kế hoạch nghỉ hè

□ **故障(する)** 例 パソコンが **故障する**
The computer breaks down. ／电脑出故障／ máy tính hỏng

□ **壊れる** 例 時計が **壊れる**
The watch breaks down. ／表坏了／ đồng hồ hỏng

□ **答える** 例 質問に **答える**
to answer a question ／回答问题／ ⊠ trả lời câu hỏi

□ **返事(する)** 例 呼ばれて **返事する**
to be called and answer ／点名喊到／ được gọi và trả lời

□ **出る** 例 授業に **出る**
to go to a class ／上课／ tham gia giờ học

□ **出席(する)** 例 パーティーに **出席する**
to attend a party ／参加宴会／ tham gia bữa tiệc

形容詞

□ **危ない** 例 **危ない** 場所
dangerous place ／危险的地方／ nơi nguy hiểm

□ **危険(な)** 例 **危険な** 仕事
dangerous job, risky job ／危险的工作／ công việc nguy hiểm

□ **うまい** 例 **うまい** やり方
smart way ／好办法／ cách làm thông minh

□ **上手(な)** 例 彼は ピアノが **上手だ。**
He is good at playing the piano ／他钢琴弹得很好／ anh ấy giỏi piano

□ **大事(な)** 例 **大事な** 会議
important meeting ／重要会议／ buổi họp quan trọng

□ **大切(な)** 例 **大切な** 思い出
cherished memory ／珍贵的回忆／ kỉ niệm quý giá

□ **立派(な)** 例 **立派な** 建物
great building ／漂亮的建筑／ tòa nhà khang trang

□ **すごい** 例 **すごい** 雨
heavy rain ／倾盆大雨／ mưa lớn

□ **すばらしい** 例 **すばらしい** 絵
wonderful picture ／精彩的画／ bức tranh tuyệt vời

□ **無理(な)** 例 **無理な** お願い
impossible request ／过分的请求／ yêu cầu vô lí

□ **大変(な)** 例 **大変な** 努力
enormous effort ／刻苦努力／ nỗ lực lớn lao

□ **厳しい** 例 **厳しい** 先生
strict teacher ／严厉的老师／ thầy giáo nghiêm khắc

□ **怖い** 例 **怖い** 映画
scary movie ／恐怖电影／ bộ phim đáng sợ

□ **にぎやか(な)** 例 **にぎやかな** 通り
busy street ／热闹的街道／ con đường đông đúc

□ **うるさい** 例 工事の 音が **うるさい。**
The construction noise is annoying. ／施工的声音很吵／ tiếng công trường ồn ào

□ 安全（な）（あんぜん）
例 交通安全（こうつうあんぜん）
traffic safety／交通安全／an toàn giao thông

□ 安心（な）（あんしん）
例 医者（いしゃ）が いるから 安心（あんしん）だ。
We don't have to worry, because we have a doctor.／有医生在所以放心／có bác sĩ nên yên tâm

□ 丁寧（な）（ていねい）
例 丁寧（ていねい）な 説明（せつめい）
thorough explanation／详细的说明／giải thích cẩn thận

□ きれい（な）
例 きれいな 字（じ）
neat handwriting／漂亮的字／chữ đẹp

□ 悪い（わる）
例 天気（てんき）の 悪い（わる） 日（ひ）
bad weather day／天气不好的日子／ngày thời tiết xấu

□ だめ（な）
例 だめな 親（おや）
bad parent／不称职的父母／cha mẹ không ra gì

□ ひどい
例 ひどい 雨（あめ）
terrible rain／下得很厉害的雨／mưa lớn

副詞（ふくし）

□ ほとんど
例 ほとんど 知（し）って いる
to know almost everything／几乎都知道／biết hầu hết

□ だいたい
例 だいたい 知（し）って いる
to know almost everything／基本上知道／biết đại khái

□ だいぶ
例 だいぶ 熱（ねつ）が 下（さ）がった。
The fever went down considerably.／烧退了很多／hạ sốt khá nhiều

□ ずいぶん
例 ずいぶん 早（はや）く 着（つ）いた。
We arrived quite early.／早到了不少时间／đến khá sớm

□ 初めて（はじ）
例 初（はじ）めて 経験（けいけん）しました。
I experienced it for the first time.／第一次经验（体验）／lần đầu tiên trải nghiệm

□ まず
例 まず あいさつを しましょう。
First of all, let's introduce ourselves.／先打招呼／trước tiên hãy có lời chào

□ 最初（さいしょ）
例 最初（さいしょ）に 英語（えいご）の テストを します。
First, I will give you the English exam.／先考英语／ban đầu sẽ làm bài kiểm tra tiếng Anh

□ 先に（さき）
例 先（さき）に 料金（りょうきん）を 払（はら）う
to pay the fee in advance／先交钱／trả tiền trước

□ 前に（まえ）
例 前（まえ）に 来（き）た 店（みせ）
the store that I came before／以前来过的店／quán từng đến trước đây

□ できるだけ
例 できるだけ 早（はや）く 来（き）てください。
Please come as soon as possible.／请尽量早来／hãy đến sớm nhất có thể.

□ できれば
例 できれば 早（はや）めに 来（き）てください。
If possible, please come early.／可能的话请早点儿来／nếu có thể hãy đến sớm.

文法 よく出る基本文型 64

□～が する

例 この部屋は いい においが します。

（It smells nice in this room. ／这间屋子有香味。／Phòng này có mùi thơm.）

□～がる

例 妹は 新しい かばんを ほしがって います。

（My younger sister wants a new bag. ／妹妹想要一个新的包。／Em gái tôi muốn có cái túi mới.）

□～か どうか

例 彼女が 来るか どうか、まだ わかりません。

（I don't know if she will come yet. ／还不知道她要不要来。／Vẫn chưa biết cô ấy đến hay không.）

□～かもしれない

例 走れば、急行に 間に合うかもしれない。

（If you run, you might be able to catch the express train. ／如果跑着去，也许能赶上快车。／Nếu chạy thì có thể kịp chuyến tàu nhanh.）

□～ことに する

例 明日から 毎日 1時間 走ることに しました。

（I decided to run everyday for one hour from tomorrow. ／从明天开始决定每天跑步一个小时。／Tôi quyết định từ ngày mai sẽ chạy 1 tiếng mỗi ngày. .）

□～ことに なる

例 来月、大阪に 出張することに なりました。

（It turned out that I would go to Osaka for a business trip next month. ／决定了下个月出差去大阪。／ Tôi quyết định từ ngày mai sẽ chạy 1 tiếng mỗi ngày.）

□～し、～

例 彼は 親切だし、明るいし、みんなに 人気が あります。

（Everybody like him, because he is nice and cheerful. ／他既亲切又开朗，很受大家欢迎。／Anh ấy vừa nhiệt tình, vừa vui vẻ nên được mọi người yêu quý.）

□～ずに

例 息子は 朝ご飯を 食べずに 学校へ 行きました。

（My son went to school without eating breakfast. ／儿子没吃早餐就去了学校。／Con trai tôi đi học mà không ăn sáng.）

□～そう［形容］

例 この ケーキ、おいしそう。

（This cake looks delicious. ／这个蛋糕看起来挺好吃的样子。／ Cái bánh ngọt này trông ngon quá.）

□～そうだ［伝聞］

例 今朝、ここで 事故が あったそうです。

（I heard that there was an accident here this morning. ／今天早上这里好像发生了事故。／Nghe nói sáng nay ở đây có tai nạn.）

□～だす

例 赤ちゃんが 急に 泣きだした。

（The baby started to cry suddenly. ／婴儿突然哭了起来。／ Em bé bỗng dưng bật khóc.）

□ ～ため(に)

例 旅行に行く**ために**、お金を貯めます。

(I will save money to go traveling. ／为了去旅游而存钱。／ Tiết kiệm tiền để đi du lịch.)

□ ～たら どうですか

例 気分が 悪そうですね。少し 休ん**だら どうですか**。

(You look sick. Why don't you get some rest. ／你看起来不太舒服的样子。休息一会儿吧！／ Trong anh có vẻ không khỏe nhỉ. Hãy nghỉ một chút xem sao?)

□ ～だろう

例 彼は きっ と試験に 合格する**だろう**。

(I'm sure that he will pass the exam. ／他的考试一定会合格的吧！／ Có lẽ anh ấy sẽ đỗ kì thi này.)

□ ～つづける

例 足が 痛くても、彼は 最後まで 走り**つづけた**。

(He continued to run to the end, even if his legs hurt. ／即使脚疼，他也坚持跑完了。／ Dù chân đau nhưng anh ấy vẫn tiếp tục chạy đến cùng.)

□ ～て、… [理由]

例 彼の 話は 難しく**て**、よく わかりませんでした。

(Because what he said was difficult, I couldn't understand it well. ／他说的太难，听不懂。／ Câu chuyện của anh ấy khó nên tôi không hiểu lắm.)

□ ～って

例 彼に そのことを 言ったら、知らなかった**って**。／「すきやき」**って** どんな 食べ物ですか。

(When I told him about that, he said that he didn't know it. / I heard "sukiyaki". What kind of food is it? ／对他说了那件事情，他说不知道。/「すきやき」是什么食品呢？／ Nói với anh ấy chuyện đó thì anh ấy bảo không biết./"Sukiyaki" là món ăn như thế nào?")

□ ～で [原因]

例 かぜ**で** 学校を 休みました。

(I was absent from school with a cold. ／感冒请假，没去上课。／ Nghỉ học vì bị cảm.)

□ ～て おく

例 お客さんが 来るので、飲み物を 冷やし**て おきます**。

(Since I will have guests, I chill the drinks beforehand. ／因为客人要来，先冻好饮料。／ Khách sắp tới nên làm lạnh sẵn đồ uống.)

□ ～て くる

例 家に 荷物を 忘れたので、今から 取っ**て きます**。

(I left some stuff at home, so I will get them now. ／把行李忘家里了，现在去拿。／ Quên đồ ở nhà nên bây giờ về lấy đến đây.)

□ ～て しまう

例 駅で さいふを 落とし**て しまいました**。

(I unfortunately lost my wallet in the station. ／把钱包掉车站了。／ Tôi đánh rơi mất ví ở ga tàu điện.)

□ ～て ばかり

例 彼は 勉強しないで、毎日 遊ん**でばかり**だ。

(He is just playing around everyday without studying. ／他不学习，每天都只在玩儿。／ Anh ấy không học hành gì mà ngày nào cũng chỉ toàn chơi.)

□ ～て ほしい

例 みんなに この 本を 読ん**で ほしい**です。

（I want everybody to read this book. ／希望大家都读读这本书。／Tôi muốn mọi người đọc cuốn sách này.）

□ ～ては だめ

例 ここで 写真を とっ**ては だめ**です。

（You are not allowed to take pictures here. ／不能在这里照相。／Ở đây không được chụp ảnh.）

□ ～て みる

例 〈店で〉これ、着**てみても** いいですか。

（<at a store> May I try this on? ／（商店）这个能试穿一下吗？ ／ (Tại cửa hàng), tôi mặc thử cái này có được không?）

□ ～ても

例 雨が 降っ**ても**、試合は 行われます。

（Even if it rains, we will have the game. ／即使下雨，比赛还是照常进行。 ／ Dù mưa trận đấu cũng vẫn được tổ chức. ）

□ ～ても かまわない

例 〈テストで〉辞書を 使っ**ても かまいません。**

（<For the test> You may use dictionaries. ／（考试时）用辞典也可以的。 ／ (Khi thi) Được phép dùng từ điển）

□ ～て やる

例 教え**て やっても**いいけど、誰にも 言うなよ。

（I can tell you about it, but don't tell anyone. ／跟你说也可以，可别对其他人说哟。 ／ Kể cho cậu cũng được nhưng không được nói với ai đâu đấy. ）

□ ～とおりに

例 子どもの ころは、いつも 母の 言う**とおりに** して いました。

（When I was a child, I always did what my mother told me to do. ／小时候，总是妈妈说什么就做什么。 ／ Hồi còn bé lúc nào cũng làm đúng theo lời mẹ.）

□ ～とか…とか

例 むこうは 寒いから、手袋**とか** マフラー**とか** 持って いったほうが いいよ。

（Since it is cold there, you should bring things like gloves and scarves. ／那边冷，带着手套和围巾过去为好。 ／ Bên đó trời lạnh nên cần mang theo găng tay này, khăn quàng này. ）

□ ～ところ

例 たった 今 起きた**ところ**です。

（I've just woken up. ／刚刚才起来。 ／ Vừa mới ngủ dậy xong tức thời. ）

□ ～なくては いけません

例 図書館では 静かに し**なくては いけません。**

（You have to be quiet in libraries. ／图书馆必须保持安静。 ／ Trong thư viện phải giữ trật tự. ）

□ ～なくても いい

例 時間は あるので、急が**なくても いい**です。

（I have time, so you don't have to hurry. ／有时间不用着急。／Còn nhiều thời gian nên không cần phải vội.）

□ ～なら

例 おすしを 食べる**なら**、駅前の「太郎ずし」がいい。

（If you want to eat sushi, "Tarozushi" in front of the station would be good. ／如果要吃寿司的话，车站前面的"太郎寿司"不错。 ／ Nếu ăn sushi nên quán "Tarozushi" trước ga được đấy. ）

□～にくい

例 おはしが 短くて、食べ**にくい**。

（It is hard to eat with these chopsticks, because they are too short. ／筷子太短了，用起来不方面。／ Đũa này ngắn, khó ăn.）

□～の ために

例 子ども**の ために**、おいしい 料理を 作ります。

（I cook delicious dishes for children. ／为了孩子，做了好吃的饭菜。／ Nấu món ngon vì con.）

□～のに

例 練習した**のに**、面接で うまく 話せなかった。

（Although I practiced, I could not speak well at the interview. ／虽然练习了，但是面试的时候说得不好。／ Đã luyện tập rồi thế mà không nói tốt lúc phỏng vấn.）

□～ば［条件］

例 明日 天気が よけれ**ば**、海へ 行こうと 思って います。

（If the weather is good tomorrow, I'm planning to go to the beach. ／如果明天天气好的话，想去趟海边。／ Nếu mai trời đẹp thì tôi định đi ra biển）

□～ばかり

例 起きた**ばかり**で、まだ 服も 着替えて いません。

（I just woke up and have not even gotten dressed yet. ／刚刚起来，还没换衣服。／ Vừa mới ngủ dậy nên vẫn chưa thay quần áo）

□～はじめる

例 息子は 今月 卒業して、来月から 働き**始めます**。

（My son will graduate this month and start to work next month. ／儿子这个月毕业，下个月开始上班。／ Con trai tháng này tốt nghiệp và từ tháng sau bắt đầu đi làm.）

□～はずが ない

例 まじめな 彼が、そんなことを 言う**はずが ない**。

（He is a serious person and I can't believe that he says such things. ／认真的他是不可能说那种话的。／ Người thật thà như anh ấy thì chắc chắn không nói chuyện như thế.）

□～はずだ［確信］

例 昨日 連絡が ありましたから、彼は 来る**はずです**。

（I believe that he will come, since he contacted me yesterday. ／昨天联系了，他应该会来。／Vì hôm qua có liên lạc nên chắc chắn anh ấy sẽ tới.）

□～はずだ［納得］

例 エアコンが 壊れて いたんだね。暑い**はずだ**。

（The air conditioner has been broken. No wonder it is hot. ／空调坏了吧，那就应该会热了。／ Máy lạnh bị hỏng rồi nhỉ.. Chắc là nóng.）

□～ばよかった

例 もう ちょっと 早く 家を 出れ**ばよかった**。

（I wish I left home a little earlier. ／要是早点儿从家里出来就好了。／ Giá mà ra khỏi nhà sớm hơn một chút….）

□～ほど…ない

例 私は 姉**ほど** ピアノが 上手では **ありません。**

（I'm not as good at playing the piano as my older sister. ／我弹钢琴没有姐姐弹得好。／ Tôi không giỏi đàn piano bằng chị gái mình. ）

□～みたい［例え］

例 私は 彼**みたい**に うまく 話せません。

（I can't talk as well as he does. ／我不能像他那样那么会说话。／ Tôi không nói trôi chảy được như anh ấy.）

□～みたい［推量］

例 あの 男の子、お母さんを 探して いる**みたい。**

（It seems that the boy is looking for his mother. ／那个男孩好像在找妈妈。／ Hình như bé trai kia đang tìm mẹ.）

□～やすい

例 この本は とても 読み**やすい。**

（This book is very easy to read. ／这本书很容易读（好懂）。／ Cuốn sách này rất dễ đọc..）

□～(よ)うとする

例 出かけ**ようと した**とき、電話が かかって きました。

（When I was about to go out, the phone rang. ／正要出门的时候，电话打过来了。／ Đang định ra ra ngoài thì có điện thoại. ）

□～(よ)うと思う

例 今週末、東京に 遊びに 行こう**と 思う。**

（I'm planning to go to Tokyo to have fun this weekend. ／这周末想去东京玩儿一下。／ Cuối tuần này, ttôi định đi chơi Tokyo .）

□～ようだ［推量］

例 昨日の 夜、雨が 降った**ようです。**道路が ぬれて います。

（It seems that it rained last night. The roads are wet. ／昨天晚上好像下雨了，路上湿的。／ Đêm hôm qua hình như mưa. Đường vẫn còn đang ướt. ）

□～ような［例え］

例 東京の**ような** 都会にも、たくさんの 自然が 残って います。

（We still have a lot of nature in big cities like Tokyo. ／像东京这样的都市，也留着很多的大自然。／ Ở nơi thành thị như Tokyo cũng vẫn còn nhiều cây xanh. ）

□～ようだ［例え］

例 ３月なのに、今日は 冬の**ようです**ね。

（It is March, but today is cold like winter. ／虽然三月了，但今天就像冬天一样。／ Tháng 3 mà hôm nay như là mùa đông.）

□～ように［目的］

例 よく 聞こえる**ように、**大きな 声で 話して ください。

（Please speak loudly, so we can hear. ／为了让大家听清，请大声说话。／ Hãy nói to để nghe rõ hơn.）

□～ように している

例 毎日、野菜を たくさん 食べる**ように して います。**

（I'm trying to eat a lot of vegetables everyday. ／每天都吃很多蔬菜。／ Hằng ngày tôi cố gắng ăn nhiều rau ）

□～ように する

例 これからは 遅れない**ように します。**

（I try not to be late from now on. ／从今以后决定尽量不迟到。／ Từ giờ tôi sẽ không muộn giờ nữa.）

□～ようになる

例 最近、少し 日本語の 新聞が 読める**ように なりました。**

（Recently, I became to be able to read Japanese newspapers a little bit. ／最近能读一些日语的报纸了。／ Gần đây, tôi đã đọc được một chút báo tiếng Nhật.）

□～より …ほうが

例 京都**より** 東京の**ほうが** 人が 多いです。

（There are more people in Tokyo than Kyoto. ／比起京都来说，东京的人比较多。／ Tokyo đông người hơn Kyoto. ）

□～らしい［推量］

例 リサさんは もうすぐ 国に 帰る**らしい。**

（I guess Risa will go back to her country soon. ／好像丽萨快回国了。／ Chị Lisa hình như sắp về nước.）

□～らしい［典型的］

例 彼女も たまに、女性**らしい** 服を 着ることが ある。

（She wears feminine clothes once in a while. ／她偶尔也打扮得有女人味。／ Cô ấy thỉnh thoảng mặc quần áo ra dáng con gái.）

□疑問詞＋か

例 **どこに** 泊まる**か**、まだ 決めて いない。

（I haven't decided where to stay yet. ／还没决定住哪里。／ Tôi chưa quyết định tối nay nghỉ lại ở đau,）

□疑問詞＋でも

例 困ったときは、**いつでも** 聞いて ください。

（Please ask me anytime if you have any trouble. ／要是有困难，请尽管问。／ Khi gặp khó khăn thì cứ hỏi bất cứ lúc nào.）

□使役形

例 子どもの 熱が 下がらないので、薬を **飲ませました。**

（I made my child take the medicine, since fever didn't go down. ／孩子的烧不退，让他喝了些药。／ Con không hạ sốt nên tôi cho uống thuốc.）

□使役＋受身

例 友達に 2時間も **待たされました。**

（I was made to wait for two hours by my friend. ／我被朋友等待一个小时。／ Bị bạn bắt đợi 2 tiếng đồng hồ.）

読解　読解問題に 出る キーワード

□ **安心（する）**　to be relieved ／安心／ an tâm
例 子どもの 声を 聞いて、安心した。

□ **安全（な）**　safe ／安全的／ an toàn
例 安全な 場所に 移る

□ **会話**　conversation ／谈话／ hội thoại, nói chuyện
例 日本語で 会話する

□ **科学**　science ／科学／ khoa học
例 科学者、科学的な 方法

□ **～学部**　faculty of ~ ／～学院／ khoa ~
例 文学部、経済学部

□ **変わる**　to change ／变，变化／ thay đổi
例 住所が 変わった。

□ **関係**　relationship ／关系／ quan hệ, liên quan
例 外国との 関係、関係の ない 話

□ **機会**　opportunity ／机会／ cơ hội, dịp
例 ～を 経験する 機会、いい 機会

□ **危険（な）**　risk, dangerous ／风险／ nguy hiểm
例 危険な 仕事

□ **技術**　technology ／技术／ kĩ thuật
例 技術を 学ぶ、高い 技術

□ **規則**　rules, regulations ／规则／ quy tắc
例 学校の 規則、規則を 守る

□ **急に**　suddenly ／突然／ đường đột, đột nhiên
例 急に 痛くなる、急に 電話を する

□ **教育**　education ／教育／ giáo dục
例 子どもの 教育、外国語教育

□ **興味**　interest ／兴趣／ quan tâm, hứng thú
例 日本の 文化に 興味が ある

□ **空気**　air ／空气／ không khí
例 乾いた 空気、汚れた 空気

□ **比べる**　to compare ／比较／ so sánh
例 二つの 本を 比べる

□ **経験（する）**　experience ／经验／ trải nghiệm, kinh nghiệm
例 外国での 生活を 経験する

□ **県**　prefecture ／县／ tỉnh
例 県の大会、広島県

□ **原因**　cause, reason ／原因／ nguyên nhân
例 事故の 原因

□ **見物（する）**　sightseeing ／参观／ thăm quan
例 お祭りを 見物する

□ **講義**　lecture ／演讲／ bài giảng
例 大学の 講義、講義に 出る

□ **工場**　factory ／工厂／ nhà máy
例 ビール工場、工場で 働く

□ **交通**　transportation ／交通／ giao thông
例 交通の 便がいい（＝電車や バスなどが 十分あり、便利だ。）

□ **壊す**　to break, destroy ／破坏，打碎／ làm hỏng
例 落として、カメラを 壊して しまった。

□ **壊れる**　to break ／破碎，弄坏／ hỏng
例 10 年 使った パソコンが、とうとう 壊れた。

□ **材料**　materials ／材料／ chất liệu
例 この おもちゃの 材料は 木と 紙だけです。

□ **差し上げる**　「あげる」の 尊敬語。
例 明日、お返事を 差し上げます。

□ **仕方**　how to do ／办法／ cách làm
例 化粧の 仕方は 姉が 教えて くれた。

□ **叱る**　to scold ／训斥／ mắng mỏ
例 子どもの ころ、よく 先生に 叱られました。

□ **事務所**（じむしょ） office ／办公室／ văn phòng
例 学校の 事務所、事務所で 尋ねる

□ **社会**（しゃかい） society ／社会／ xã hội
例 日本の 社会、社会の 役に 立つ こと

□ **自由(な)**（じゆう） free ／自由／ tự do
例 自由な やり方／何を 話すかは 自由です。

□ **習慣**（しゅうかん） habit ／习惯／ thói quen, tập quán
例 日本の 習慣、寝る 前に 本を 読む 習慣

□ **趣味**（しゅみ） hobby, pastime ／兴趣，爱好／ sở thích
例 趣味は 山登りです。

□ **商品**（しょうひん） product ／商品／ sản phẩm
例 新商品、商品を 売る

□ **将来**（しょうらい） future ／将来／ tương lai
例 将来の 夢

□ **調べる**（しら） to examine, research ／查、调查／ tìm hiểu, điều tra
例 値段を 調べる、原因を 調べる

□ **人口**（じんこう） population ／人口／ dân số
例 人口が 増える

□ **神社**（じんじゃ） shrine ／神社／ đền thờ

□ **生活(する)**（せいかつ） life ／生活／ sinh hoạt, sinh sống
例 都会の 生活／生活が 厳しい。

□ **生産(する)**（せいさん） manufacture ／生产／ sản xuất
例 自動車の 生産、米の 生産

□ **世界**（せかい） world ／世界／ thế giới
例 世界の ニュース、世界で 一番 好きな 場所

□ **専門**（せんもん） subject, specialty ／专业／ chuyên môn
例 私は 経済が 専門です。／～を 専門に 研究する

□ **育てる**（そだ） to grow ／培育／ nuôi dưỡng
例 子どもを 育てる、リンゴを 育てる

□ **退院(する)**（たいいん） to be discharged from hospital ／出院／ ra viện

□ **体調**（たいちょう） physical condition ／身体条件，身体状况／ tình hình sức khoẻ
例 体調は どうですか。／体調が 悪い。

□ **台風**（たいふう） typhoon ／台风／ bão

□ **訪ねる**（たず） to visit ／拜访／ thăm
例 先生の 家を 訪ねる

□ **例えば**（たと） for example ／例如／ ví dụ
例 例えば、京都に 行くのは どう？

□ **楽しみ**（たの） pleasure ／快乐，消遣，乐趣，兴趣，爱好／ niềm vui
例 旅行が 楽しみです。

□ **楽しむ**（たの） to enjoy ／欣赏，享受／ tận hưởng, chơi
例 スポーツを 楽しむ、会話を 楽しむ

□ **力**（ちから） strength, power ／力量／ sức mạnh
例 腕の 力、科学の 力、力を 入れる

□ **疲れる**（つか） to get tired ／疲惫／ mệt mỏi
例 仕事で 疲れる

□ **続く**（つづ） to continue (intr.) ／持续／ tiếp tục
例 暑い日が 続く。

□ **続ける**（つづ） to continue (tr.) ／继续／ tiếp tục, kéo dài
例 練習を 続ける

□ **展覧会**（てんらんかい） exhibition ／展览会／ buổi trưng bày
例 ピカソの 展覧会

□ **特急**（とっきゅう） super express ／特快／ tàu cao tốc
例 特急で 行く、特急の 切符を 買う

□ **匂い**（にお） smell ／气味／ mùi
例 石けんの 匂い

□ **値段**（ねだん） price ／价格／ giá tiền
例 値段が 上がる、野菜の 値段

□ **場合**（ばあい） case ／如果／ trường hợp
例 雨の 場合、一人で 行く 場合

□ 光(ひか)る　to shine ／发光／ phát sáng
例 遠(とお)くで 何(なに)かが 光(ひか)っている。

□ 普通(ふつう)の　common ／常见，平时／ ~ bình thường
例 普通(ふつう)の 席(せき)、普通(ふつう)の コース

□ 文学(ぶんがく)　literature ／文学／ văn học
例 日本(にほん)の 文学(ぶんがく)を 研究(けんきゅう)する

□ 貿易(ぼうえき)　trade ／贸易／ ngoại thương
例 外国(がいこく)との 貿易(ぼうえき)、貿易(ぼうえき)の 会社(かいしゃ)

□ 放送(ほうそう)(する)　broadcast ／播放，广播／ phát sóng
例 テレビの 放送局(ほうそうきょく)(＝放送(ほうそう)する所(ところ))

□ 予定(よてい)(する)　schedule ／预定／ kế hoạch, dự định
例 来月(らいげつ)の 予定(よてい)、予定(よてい)を 知(し)らせる

□ 寄(よ)る　to stop by ／顺便去／ ghé vào
例 途中(とちゅう)で コンビニに 寄(よ)る

□ 冷房(れいぼう)　cooling ／冷气／ máy sưởi
例 冷房(れいぼう)が 強(つよ)すぎて、寒(さむ)い。

□ 連絡(れんらく)(する)　contact ／联系／ liên lạc
例 会社(かいしゃ)に 連絡(れんらく)する、忘(わす)れずに 連絡(れんらく)する

□ 割合(わりあい)　ratio, proportion ／比例／ tỉ lệ
例 女性(じょせい)の 割合(わりあい)が 多(おお)い。

□ 結果(けっか)　result ／结果／ kết quả
例 テストの 結果(けっか)、結果(けっか)を 報告(ほうこく)する

□ 家庭(かてい)　family ／家庭／ gia đình
例 温(あたた)かい 家庭(かてい)、教育(きょういく)の 厳(きび)しい 家庭(かてい)

□ イベント　event ／活动／ sự kiện
例 イベントの 計画(けいかく)、イベントを 行(おこな)う

□ 寮(りょう)　dormitory ／宿舍／ kí túc xá
例 学生寮(がくせいりょう)、寮(りょう)で 生活(せいかつ)する

□ 役(やく)に立(た)つ　to be useful ／有用／ có ích
例 社会(しゃかい)の 役(やく)に立(た)つ 仕事(しごと)

□ 約(やく)～　about ~ ／大约～／ khoảng ~
例 約(やく)3時間(じかん)で 東京(とうきょう)に 着(つ)く

聴解　聴解問題に出るキーワード

□ 伺う　「聞く、質問する」のていねいな言い方（謙譲語）
例 すみません、ちょっと伺ってもよろしいでしょうか。

□ 売り場　section(of a store)／卖场／nơi bán
例 おもちゃ売り場

□ 運動（する）　exercise／运动／vận động, tập thể dục
例 健康のために何か運動をしたほうがいい。

□ 遠慮（する）　reserve／①客气② 辞谢／ngại, không làm
例 遠慮しないで、たくさん食べてください。

□ 贈り物　プレゼント。gift／礼物／quà tặng

□ 夫　husband／丈夫／chồng
例 夫は今、留守です。

□ 終わり　end／结束／kết thúc, cuối
例 授業の終わりにテストを返してもらった。

□ 会議室　meeting room／会议室／phòng họp

□ 帰り　帰ること。return／回去／về
例 帰りの電車、帰りにスーパーに寄る

□ かしこまりました
わかりました。Yes, sir／知道了、好的（我明白了）／tôi hiểu rồi ạ
※ 店員などが客に対して使うことが多い。

□ （使い）方　how to (use)／用法／cách (dùng)
例 作り方、予約の仕方

□ 片づける　to clear away／收拾／dọn dẹp
例 食器を片づける、部屋を片づける

□ 格好　appearance／样子、摸样／bộ dạng
例 明日、どんな格好で行く？／きちんとした格好

□ 家内　自分の妻のこと。my wife／妻子／vợ, bà xã
例 家内は今、出かけています。

□ 通う　to attend／往来、往返（上～）／đi (định kì)
例 日本語学校に通う、電車で通う

□ 代わりに　instead of ~／而不是～／thay vào đó
例 私の代わりに彼が行きます。／牛乳の代わりにヨーグルトを使った。

□ 厳しい　severe／严厉、苛刻、厉害／nghiêm khắc
例 厳しい先生、厳しい寒さ

□ 気分　mood／心情／tâm trạng, tinh thần
例 車に長く乗ると、気分が悪くなります。

□ 景色　landscape／景观／phong cảnh
例 窓からの景色、美しい景色

□ 欠席（する）　absence／缺席／vắng mặt, nghỉ
例 授業を欠席する

□ 国際　international／国际的／quốc tế
例 国際会議、国際的なイベント

□ 故障（する）　failure, trouble／故障、毛病、障碍／hỏng hóc
例 機械の故障／故障したかもしれない。

□ 最近　recently／最近／gần đây
例 最近のニュース／最近、ジョギングを始めました。

□ 最後　last／最后／cuối cùng
例 最後にデザートが出ます。／最後の授業

□ **最初** first ／第一／ ban đầu
例 最初に 名前を 書いて ください。／最初の 授業

□ **さっき** just now ／刚才／ lúc nãy
例 さっき、荷物が 届きました。

□ **支度(する)** 準備(する)。preparation ／准备、预备／ chuẩn bị
例 出かける 支度／支度が できました。

□ **失敗(する)** failure ／失败／ thất bại
例 計画は 失敗しました。

□ **しばらく** for a while ／一会儿、暂时、好久没～／ một lúc, một khoảng thời gian
例 しばらく お待ちください。／彼とは しばらく 会っていません。

□ **主人** my husband ／丈夫／ chồng
例 主人は 今、出かけて います。／ご主人は お元気ですか。

□ **出席(する)** attendance ／出席／ tham gia
例 結婚式に 出席する

□ **準備(する)** preparation ／准备、预备、储备／ chuẩn bị
例 パーティーの 準備

□ **紹介(する)** introduction ／介绍／ giới thiệu
例 友達を 紹介する

□ **招待(する)** invitation ／请帖／ mời
例 パーティーに 招待する、家に 招待する

□ **心配(する)** worry ／担心／ lo lắng
例 娘と 連絡が とれないので 心配です。

□ **水泳** 泳ぐこと。swimming ／游泳／ bơi
例 水泳教室／水泳が 得意です。

□ **おなかがすく**
to get hungry ／肚子饿了／ đói bụng

□ **すぐに** immediately ／立即／ ngay lập tức
例 すぐに 返事を ください。／すぐに わかった。

□ **ずっと** all the time ／一直／ suốt
例 朝から ずっと 雨が 降って います。

□ **隅** corner ／角落／ góc
例 部屋の 隅に 置く

□ **世話** care ／照顾、关照／ chăm sóc
例 お世話に なりました。／犬の 世話は、家族 みんなで やります。

□ **先輩** senior ／前辈／ tiền bối, đàn anh
例 学校の 先輩、会社の 先輩

□ **後輩** junior ／后辈、晚辈／ hậu bối, đàn em
例 サークルの 後輩、会社の 後輩

□ **相談(する)** consultation ／咨询／ tư vấn
例 先生に相談する

□ **そろそろ** by now ／渐渐、就要／ chuẩn bị
例 そろそろ 帰ります。／そろそろ 試合が 始まる。

□ **そんなに～ない**
not so much ~ ／没有那么多～／ không ~ đến thế
例 試験は、そんなに 難しく なかった。

□ **大事(な)** important ／重要的、贵重的／ quan trọng
例 大事な 会議、大事な 約束

□ **チェック(する)**
check ／查／ kiểm tra
例 予定を チェックする、間違いが ないか チェックする

□ **伝える** to tell ／告诉／ truyền đạt
例 考えを 伝える、結果を 伝える

□ **丁寧(な)** polite ／有礼貌／ cẩn thận
例 丁寧な 説明、丁寧に 断る

□ **適当(な)** appropriate ／适当／ đúng
例 適当な 言葉を 選ぶ／適当な 店が 見つからない。

□ **通り** street ／街道／ đường, đúng như
例 にぎやかな 通り、大通り

□ 特に　especially ／特別／ đặc biệt là
例 特に 大切な もの／特に ほしい ものは ありません。

□ 治す　to cure ／治疗／ chữa
例 病気を 治す

□ なくなる　to disappear ／消失／ hết
例 もうすぐ バターが なくなる。

□ 慣れる　to get used to ／习惯、熟悉／ quen
例 新しい 会社に 慣れる、日本の 食べ物に 慣れる

□ 熱　heat ／热／ sốt
例 熱が 出る、熱が 下がる、熱の 力

□ 寝坊(する)　to oversleep ／睡过头／ ngủ quên
例 寝坊して 電車に 遅れて しまった。／朝寝坊

□ 眠い　sleepy ／困／ buồn ngủ
例 だんだん 眠くなって きた。

□ 眠る　to sleep ／睡觉／ ngủ
例 昨日は よく 眠れましたか。

□ 残る　to remain ／留、留下、剩、剩下／ còn thừa lại
例 残った 料理／まだ 仕事が 残って います。

□ 反対　opposition ／相反／ phản đối
例 駅の 反対側、反対の 方向

□ 複雑な　complicated ／相反／ phức tạp
例 複雑な やり方、複雑な 話

□ 別の　another ／另外的、别的／ ~ khác
例 別の 方法／別の 店に しましょう。

□ 変(な)　strange ／奇怪／ kì lạ
例 変な 髪型／変な 音が する。

□ 息子　son ／儿子／ con trai
例 息子は 今、東京の 大学に 行って います。

□ 娘　daughter ／女儿／ con gái
例 休みの日に、よく 娘と 買い物に 行きます。

□ 汚れる　to get dirty ／脏、污染／ bẩn
例 くつが 汚れて しまった。汚れた 手で さわらないで。

□ 予約(する)　reservation ／预约／ đặt hẹn
例 ホテルを 予約する

● 著者

森本　智子（ルネッサンス ジャパニーズ ランゲージスクール専任講師）
高橋　尚子（熊本外語専門学校講師）
松本　知恵（NSA 日本語学校専任講師）
黒岩しづ可（元日本学生支援機構東京日本語センター日本語講師）
黒江　理恵（川崎医療福祉大学助教）
有田　聡子（HIA 日本語学校非常勤講師）

レイアウト・DTP	オッコの木スタジオ
カバーデザイン	花本浩一
翻訳	Alex Ko Ransom ／司馬黎／ Nguyen Van Anh
本文イラスト	おのみさ
ナレーション	都さゆり／大山尚雄
録音・編集	一般財団法人 英語教育協議会（ELEC）

本書へのご意見・ご感想は下記 URL までお寄せください。
https://www.jresearch.co.jp/contact/

JLPT 日本語能力試験 N4 完全模試 SUCCESS

令和 5 年（2023 年） 6 月 10 日　初版第 1 刷発行

著　者　森本智子・高橋尚子・松本知恵・黒岩しづ可・黒江理恵・有田聡子
発行人　福田富与
発行所　有限会社 J リサーチ出版
〒 166-0002　東京都杉並区高円寺北 2-29-14-705
電　話　03（6808）8801（代）　FAX　03（5364）5310
編集部　03（6808）8806
https://www.jresearch.co.jp
印刷所　株式会社シナノ パブリッシング プレス

ISBN 978-4-86392-593-9

必勝合格！

JLPT
日本語能力試験
完全模試
SUCCESS N4

Japanese Language Proficiency Test N4 Complete Mock Test SUCCESS
成功的日语能力测试 N4 完整的模拟测试
Thành công kỳ thi năng lực tiếng Nhật N4 Hoàn thành bài kiểm tra mô phỏng

森本智子／高橋尚子／松本知恵／黒江理恵／有田聡子◉共著

模擬試験●第1～3回

※最後に解答用紙があります。

★この別冊は、強く引っ張ると取りはずせます。
The appendix can be removed by pulling it out strongly.
另册部分可以拆卸。
Phụ lục đi kèm có thể giật mạnh để tháo rời ra

Jリサーチ出版

模擬試験(もぎしけん) 第1回(だいかい)

N4

げんごちしき（もじ・ごい）

（25 ふん）

3分（1問20秒）

もんだい1　＿＿の　ことばは　ひらがなで　どう　かきますか。1・2・3・4から　いちばん　いいものを　ひとつ　えらんで　ください。

（れい）　こうこうせいの　ころは　小説家に　なりたかった。

1　しょうどく　　2　しょうぜい　　3　しょうせつ　　4　しょうわ

（かいとうようし）

（れい）	①　②　●　④

1　コンビニの　前で　友だちと　別れました。

1　こわれ　　2　わかれ　　3　くずれ　　4　われ

2　この　サッカーチームは　弱いです。

1　よわ　　2　ほそ　　3　ひく　　4　うす

3　この　花は、秋に　さきます。

1　あい　　2　あか　　3　あさ　　4　あき

4　学校まで　走って　行きました。

1　かけって　　2　そうって　　3　あるって　　4　はしって

5　うみの　近くの　町に　ひっこしました。

1　むら　　2　まち　　3　ちょ　　4　ちょう

6　15年前に　かった　かばんを　今でも　大切に　して　います。

1　だいせつ　　2　たいせつ　　3　だいしつ　　4　たいしつ

7 いつか　ギターを　習いたいです。

1　ならい　　2　まない　　3　しゅい　　4　しゅうい

もんだい2　＿＿＿の　ことばは　どう　かきますか。1・2・3・4から　いちばん　いい　ものを　ひとつ　えらんで　ください。

3分（1問30秒）

(れい)　としょかんに　ほんを　かえしました。

1 近しました　　2　送しました　　3　逆しました　　4　返しました

（かいとうようし）

(れい)	① ② ③ ●

8 とけいが　とまって　います。

1　王まって　　2　主まって　　3　正まって　　4　止まって

9 今年の　なつは　とても　あつかったです。

1　暑　　2　者　　3　音　　4　都

10 ねつが　ありますか。　かおが　赤いですよ。

1　耳　　2　頭　　3　首　　4　顔

11 わたしも　しないから　かよって　います。　わたしは　ひがしくに　すんで　います。

1　医　　2　区　　3　国　　4　困

12 家に　スマホを　わすれて、いそいで　とりに　帰りました。

1　意いで　　2　急いで　　3　悪いで　　4　思いで

5分（1問30秒）

もんだい3 （　　）に　なにを　いれますか。1・2・3・4から　いちばん　いい　ものを　ひとつ　えらんで　ください。

（れい） ちかくの　（　　）で　パンと　ぎゅうにゅうを　かいました。

1　レストラン　　2　コンビニ　　3　ぎんこう　　4　やおや

（かいとうようし）

（れい）	①　●　③　④

---

13 ころんで　てに　けがを　して、ちょっと（　　）が　出ました。

1　あせ　　2　くしゃみ　　3　ち　　4　せき

14 まちあわせに　おくれたので、友だちに　（　　）。

1　あいさつしました　　2　あやまりました

3　あいました　　4　あげました

15 A「にもつを　もちましょうか。」

B「（　　）ので、一人で　だいじょうぶです。」

1　ほそい　　2　うすい　　3　みじかい　　4　かるい

16 この　（　　）では、毎日　たくさんの　ラーメンを　つくって　います。

1　うんどうじょう　　2　こうじょう

3　こうじ　　4　きっさてん

17 つぎは　（　　）ごうかくできますよ。

1　よく　　2　もうすぐ　　3　きっと　　4　もっと

18 じしんが　おきたら、すぐに　（　　　）を　けして　ください。

1　ガス　　2　ビザ　　3　メモ　　4　プロ

19 カンさんの　（　　　）　スポーツは　何ですか。

1　とくいな　　2　とくべつな　　3　ふくざつな　　4　ざんねんな

20 ほっかいどうに　3（　　　）　行った　ことが　あります。

1　ばい　　2　こ　　3　そく　　4　ど

5分（1問1分）

もんだい4　＿＿＿の　ぶんと　だいたい　おなじ　いみの　ぶんが　あります。１・２・３・４から　いちばん　いい　ものを　ひとつ　えらんで　ください。

（れい）　ワンさんに　しんぶんの　コピーを　たのみました。

1　ワンさんに　しんぶんの　コピーを　見せました。

2　ワンさんに　しんぶんの　コピーを　おねがいしました。

3　ワンさんに　しんぶんの　コピーを　あげました。

4　でんしゃの　しんぶんの　コピーを　もらいました。

（かいとうようし）

（れい）	①　●　③　④

21　この　あたりに　コンビニは　ありますか。

1　この　むかいに　コンビニは　ありますか。

2　この　となりに　コンビニは　ありますか。

3　この　ちかくに　コンビニは　ありますか。

4　この　中に　コンビニは　ありますか。

22　コンサートの　チケットが　のこって　いる。

1　コンサートの　チケットが　まだ　ある。

2　コンサートの　チケットが　ぜんぶ　なくなった。

3　コンサートの　チケットが　ぜんぜん　うれない。

4　コンサートの　チケットが　すぐに　うれた。

23 この　スマホは　おとが　へんです。

1　この　スマホは　おとが　きれいです。

2　この　スマホは　おとが　おかしいです。

3　この　スマホは　おとが　小さいです。

4　この　スマホは　おとが　出ません。

24 この　店は　かなり　ゆうめいだ。

1　この　店は　あまり　ゆうめいではない。

2　この　店は　それほど　ゆうめいではない。

3　この　店は　とても　ゆうめいだ。

4　この　店は　少し　ゆうめいだ。

8分（1問2分）

もんだい5　つぎの　ことばの　つかいかたで　いちばん　いい　ものを　1・2・3・4から　ひとつ　えらんで　ください。

（れい）　おく

1　ごみは　ごみばこに　おいて　ください。

2　いそいで　メールを　おいて　ください。

3　にもつは　つくえの　上に　おいて　ください。

4　なくさないよう　かぎは　かばんに　おいて　ください。

（かいとうようし）

（れい）	① ② ● ④

25 ようじ

1　駅の　うらに　こうえんを　つくる　ようじが　ある。

2　ようじが　できたので、あしたは　友だちと　あそびに　行けなく　なった。

3　かのじょと　えいがを　見に行く　ようじを　した。

4　しょくじかいの　日ですが、あさっての　ようじは　いかがですか。

26 せわする

1　いぬの　せわを　するのは、わたしの　しごとです。

2　ごはんを　食べおわったら、おさらの　せわを　しなければ　ならない。

3　こまって　いる　ことが　あったら、わたしに　せわして　ください。

4　せんたくは　2かいの　ベランダに　せわして　いる。

27 アドレス

1　パーティーで　何を　するか、アドレスを　出して　もらえますか。

2　子どもの　ころの　しゃしんを　はった　アドレスが　10さつ　いじょう　ある。

3　この　店は　駅から　とおく、アドレスが　よくない。

4　この　アドレスに　メールを　おくって　ください。

28 そろそろ

1　そろそろ　きんじょの　スーパーで　たなかさんと　会った。

2　この　レストランは　おいしいので、そろそろ　来て　いる。

3　さくらの　花が　そろそろ　さきそうだ。

4　そろそろ　ちかくに　すむ　そふの　いえに　行って　いる。

模擬試験（もぎしけん）

第1回（だい1かい）

N4

言語知識（げんごちしき）（文法（ぶんぽう））・読解（どっかい）

（55分（ふん））

7分（1問30秒）

もんだい1　（　　）に　何を　入れますか。1・2・3・4から　いちばん　いい　ものを　一つ　えらんで　ください。

（例）　わたしは　毎朝　牛乳（　　　）　飲みます。

1　が　　2　の　　3　を　　4　で

（解答用紙）

（例）	①　②　●　④

1　試験が　いつ　行われる（　　　）、わかりません。

1　と　　2　で　　3　か　　4　を

2　祖母は　年を　取って、目が　よく（　　　）なりました。

1　見える　　2　見よう　　3　見ない　　4　見えなく

3　来月から　バスに　乗らないで（　　　）ことに　します。

1　歩く　　2　歩いた　　3　歩いて　　4　歩き

4　会議の　前に、この　資料を（　　　）おいて　ください。

1　読もう　　2　読んで　　3　読まれて　　4　読めば

5　そこに　自転車を（　　　）ほうが　いいですよ。

1　止まった　　2　止めない　　3　止め　　4　止めろ

6　田中「ああ、リンさん。どこ　行く（　　　）？」
山田「ちょっと　コンビニへ。」

1　な　　2　ね　　3　か　　4　の

7 森（もり）「朝ごはんは　食べましたか。」

石川（いしかわ）「ええ、家で　食べて（　　　）。」

1　いきました　　2　ありました　　3　きました　　4　いました

8 今晩、友だちの　家に（　　　）と　思って　います。

1　泊（と）まる　　2　泊（と）まり　　3　泊（と）まろう　　4　泊（と）まられる

9 青木（あおき）「すみません。ちょっと　この　パソコンを（　　　）。」

中村（なかむら）「いいですよ。うーん、この　パソコン、つきませんね。」

1　見て　あげますか　　2　見たいんですが

3　見ようと　思いますか　　4　見て　もらいたいんですが

10 今日　あの　店は　開いて　いるか、電話で（　　　）みよう。

1　聞いて　　2　聞いた　　3　聞けば　　4　聞け

11 この　紙（かみ）を（　　　）切って　ください。

1　小さい　　2　小さく　　3　小ささ　　4　小さに

12 部長（ぶちょう）から　あしたは　7時に　会社に（　　　）と　言われました。

1　来れ　　2　来ろ　　3　来ら　　4　来い

13 映画（えいが）を　見たい（　　　）、時間が　ありません。

1　でも　　2　と　　3　けど　　4　なら

4分（1問50秒）

もんだい2　＿★＿に 入る　ものは　どれですか。1・2・3・4から
いちばん　いい　ものを　一つ　えらんで　ください。

（問題例）

かばん　＿＿＿　＿＿＿　＿★＿　＿＿＿　が　あります。

1　さいふ　　2　の　　3　中　　4　に

（答え方）

1. 正しい　文を　作ります。

かばん　＿＿＿　＿＿＿　＿★＿　＿＿＿　が　あります。 2　の　3　中　4　に　1　さいふ

2. ＿★＿に　入る　番号を　黒く　塗ります。

（解答用紙）

（例）	①　②　③　●

---

14 オリさんは　北海道（ほっかいどう）に　スキーを　＿＿＿　＿＿＿　＿★＿　＿＿＿　います。

1　行って　　2　と言って　　3　みたい　　4　しに

15 あしたは　朝から　駅前に　服　＿＿＿　＿＿＿　＿★＿　＿＿＿　です。

1　買い　　2　行くつもり　　3　を　　4　に

16 メイさんが　＿＿＿　＿＿＿　＿★＿　＿＿＿　私は　知りません。

1　か　　2　さしみを　　3　どうか　　4　食べられる

17 この　チケットが　＿＿＿　＿＿＿　＿★＿　＿＿＿　地下鉄（ちかてつ）に　乗る　ことが　できます。

1　一日　　2　でも　　3　あれば　　4　何度

5分（1問70秒）

もんだい3　[18]から　[21]に　何を　入れますか。文章の　意味を　考えて、1・2・3・4から　いちばん　いい　ものを　一つ　えらんで　ください。

となりの　部屋の　人

おととい　マンションの　となりの　部屋の　人が、お菓子を　持ってきて　[18]。となりの　部屋の　人は　来週の　日曜日、引っ越しする　[19]。引っ越しの　トラックが　来て　うるさく　なるので、[20]と　言って　いました。私は　となりの　部屋の　人と、ほとんど　話したことが　ありませんでした。親切そうな　人だったので、もっと　話を　[21]と　思いました。

18

1　もらいました　　2　くれました
3　あげました　　4　ありました

19

1　ばかりです　　2　ところです
3　ようと　思います　　4　そうです

20

1　お大事(だいじ)に　　2　失礼(しつれい)します
3　お世話(せわ)に　なります　　4　申(もう)し訳(わけ)　ありません

21

1　したかった　　2　したらしい
3　して　おいた　　4　しなくても　いい

9分（1問3分）

もんだい４　つぎの⑴から⑷の文章を読んで、質問に答えてください。答えは、１・２・３・４から、いちばんいいものを一つえらんでください。

⑴

少し前、私の町の図書館が「電子図書館サービス」(注)を始めました。紙の本ではなく、デジタルの本を、パソコンやスマホなどを使って、借りて読むことができるようになりました。それで、私は最近よく、電子図書館を利用しています。電子図書館は24時間いつでも本が借りられます。借りた本がおもしろくなかったら、すぐに返して、ほかの本を借りることができます。また、２週間たったら、何もしなくても本が返されるので、本を返すのが遅れることがありません。電子図書館で借りられる本はまだ少ないですが、忙しくて図書館に行けない人には、とても便利です。

（注）インターネットで本やざっし、新聞を読むことができる図書館

22 電子図書館の説明で正しいのはどれですか。

1　パソコンで本を読むのはあまりおもしろくない。

2　本を返すのを忘れないように知らせてくれる。

3　図書館に行かなくても本を借りられる。

4　２週間たたないと本を返すことができない。

⑵

友達とカラオケをするのはとても楽しいですが、私はときどき一人でカラオケに行きます。友達と歌うときは上手に歌える歌しか歌いませんが、一人のときは、新しい歌や上手に歌えない歌をよく歌います。だれにも聞かれないので、はずかしくありません。同じ歌を何回歌っても、途中で止めて最初から歌っても、だれも怒りません。上手に歌えるようになるために、いい方法だと思います。

23 「私」が一人でカラオケに行く理由はなんですか。

1　一人のほうがたくさん歌えるから

2　一人のほうが上手に歌えるから

3　練習するのにいいから

4　友達の知らない歌を歌いたいから

(3)

（日本語学校で）

山本先生の机の上に、このメモがあります。

> 山本先生
>
> 　中村小学校の小林先生から電話がありました。
>
> 　3月に交流会ができるのは、3日（金）なら11時か13時、23日（木）なら13時だそうです。
>
> 　交流会に行ける日と時間が決まったら、電話がほしいと言っていました。どの国の人が何人来るかも教えてもらいたいそうです。
>
> 2月9日 13:10　松本

24 このメモを読んで、山本先生は小林先生に何を知らせなければなりませんか。

1　交流会に行ける人の数と国

2　交流会に行ける日と時間

3　交流会に行ける日と時間と、行ける人の数と国

4　交流会に行ける人と国がいつ決まるか

もんだい5　つぎの文章(ぶんしょう)を読(よ)んで、質問に答えてください。答えは、1・2・3・4から、いちばんいいものを一つえらんでください。

13分

大切なもの

アチラ・カトクルンダゲー

３日前の夜遅く、私はコンビニで食べ物を買ってから家に帰りました。家に着いて、かばんを開けてびっくりしました。さいふがなかったのです。安いさいふでしたが、中にはいろいろなカードとアルバイトの給料(きゅうりょう)が入っていました。どれも、なくなったら、とても困(こま)るものです。

私はすぐ家を出て、友達といっしょにさいふを探(さが)しましたが、見つかりませんでした。

つぎの日、学校で先生に相談(そうだん)して、家の近くの交番(こうばん)へ行きましたが、やっぱりだめでした。

悲(かな)しくて泣いていたとき、先生から電話がかかってきました。山本(やまもと)さんという男の人が、コンビニの近くでさいふをひろったそうです。そして、学校の ID カードを見て、学校に電話してくれたのです。私はその日の夜、コンビニの前で山本さんに会う約束(やくそく)をしました。

山本(やまもと)さんはやさしそうな人でした。そして、私にさいふを渡(わた)して、「ちゃんと入ってるか、中を見てみてください。」と言いました。お金もカードも、ぜんぶそのままでした。私は「本当にありがとうございます。」とお礼(れい)を言いました。

家に帰ってさいふを見て、山本(やまもと)さんの顔(かお)を思い出して温(あたた)かい気持ちになりました。私も、だれかの落とし物をひろったら、（　　　　）と思いました。

25 山本（やまもと）さんは、どうして悲しくて泣（な）いていたのですか。

1　先生にきびしく注意されたから

2　けいさつが探（さが）してくれなかったから

3　大切なものが見つからないから

4　良いさいふをなくして、とても残念だから

26 どうして山本（やまもと）さんは学校に電話をかけましたか。

1　学校にアチラさんのさいふを持って行くため

2　アチラさんのさいふをひろったことを伝えるため

3　学校がアチラさんのさいふを探（さが）していると思ったため

4　アチラさんのさいふの中にお金が入っていたため

27 （　　）に入れるのに、いちばんいいものはどれですか。

1　困（こま）ってしまう

2　悲しくなるだろう

3　同じようにしたい

4　山本（やまもと）さんに相談（そうだん）しよう

10分

もんだい6　右のページのお知らせを見て、下の質問に答えてください。答えは1・2・3・4から、いちばんいいものを一つえらんでください。

28 リンさんは日本文化を習いたいですが、あまりお金がありません。休まないで全部参加した場合、1か月に払うお金が一番安いのはどれですか。

1　①

2　②

3　③

4　④

29 ジーナさんは日本文化を習いたいですが、体を動かすことはあまり好きではありません。月曜日と木曜日の18時から22時までと、土曜日の15時から21時まではアルバイトがあります。ジーナさんはどれに参加しますか。

1　②

2　③

3　⑤

4　⑥

留学生のみなさん、日本文化を習いませんか！

	名前・内容	日・時間	料金
①	**華道** 季節のお花をかざります。華道のルールを学びながら、楽しくお花をかざりましょう。	第2、第4木曜日 18時～19時	1回800円
②	**日本料理** 季節の野菜を使った日本料理を作ります。作った料理を食べながら、おしゃべりしましょう。	第1土曜日 10時～13時	1回2000円
③	**柔 道** 子どもからお年寄りまで通っています。はじめから、ていねいに教えます。	毎週火曜日 18時～20時	1か月2000円 服のせんたく料金： 1回200円
④	**書道** 好きなことばを筆で書いてみましょう。字が上手になりますよ。	毎週月曜日 18時～19時	1回600円
⑤	**日本舞踊** 着物を着ておどります。日本の歌も歌います。	第1、第3水曜日 17時～19時	1か月2500円 着物は無料でお貸しします
⑥	**茶道** お茶の作り方や飲み方をおぼえましょう。おいしいお菓子もありますよ。	毎週土曜日 16時～17時	1か月2200円

＊どれも５週目はお休みです。
＊１か月の料金が書いてあるものは、もし、１回休んでも、１か月の料金を払います。

やってみたいものがあれば、こちらにお電話を！

(032) 399－5429

留学生と学ぶ会会長　山田 敏明

模擬試験 第1回

N4

聴解

（35分）

1st 02~11 もんだい１

もんだい１では、まず　しつもんを　聞いて　ください。それから　話を　聞いて、もんだいようしの　１から４の　中から、いちばん　いい　ものを　一つ　えらんで　ください。

れい

1　パン屋
2　本屋
3　コンビニ
4　スーパー

１ばん

1　来週の　月曜日の　授業の時まで
2　来週の　月曜日の　12時まで
3　来週の　火曜日の　12時まで
4　再来週の　月曜日の　授業の時まで

2ばん

3ばん

1　イ

2　イ　ウ

3　イ　エ

4　ア　イ　エ

4ばん

1

2

3

4

5ばん

1　二人（ふたり）が　いる　へや

2　だいどころ

3　じぶんの　へや

4　げんかん

6ばん

1　ほかの　人（ひと）の　よていを　かくにんする

2　かいぎしつを　よやくする

3　しりょうを　コピーする

4　みんなに　メールを　おくる

7ばん

1　パソコン

2　しりょうの　データ

3　国(くに)で　とった　ビデオ

4　国(くに)の　ふく

8ばん

1

2

3

4

1st 12~20 もんだい２

もんだい２では、まず しつもんを 聞いて ください。そのあと、もんだいようしを 見て ください。読む 時間が あります。それから 話を 聞いて、もんだいようしの １から４の 中から、いちばん いい ものを 一つ えらんで ください。

れい

1 しごとが たいへんだから
2 アルバイト代が 安いから
3 べんきょうが いそがしく なったから
4 りゅうがくを することに なったから

１ばん

1 かぜを ひいたから
2 朝 起きるのが おそかったから
3 電車が 止まって いたから
4 走って きたから

2ばん

1　花を　育てる　方法を　きちんと　かいて　いるところ

2　花を　育てる　大変さと　楽しさが　伝わるところ

3　咲いて　いる　花だけを　かいて　いるところ

4　子どもらしく、元気よく　絵を　かいて　いるところ

3ばん

1　自分で　ハンバーグを　つくること

2　店員が　歌を　歌って　くれること

3　ロボットが　料理を　はこぶこと

4　ロボットが　料理を　作ること

4ばん

1　料理を　するのが　好きだから

2　いつも　料理を　作りすぎるから

3　家に　ある　やさいなどを　使いたいから

4　店で　売って　いる　お弁当より　おいしいから

5ばん

1　パソコンが　こわれたから

2　おとうとに　あげるから

3　あたらしい　パソコンが　ほしいから

4　おとうとに　とられたから

6ばん

1　けんきゅうを　つづけること

2　わかい　人(ひと)を　そだてること

3　アイデアを　かんがえること

4　あたらしい　ぎじゅつを　もつこと

7ばん

1　子(こ)どもを　ずっと　みて　いること

2　子(こ)どもを　つよい　からだに　すること

3　子(こ)どもに　どうしたら　いいか　かんがえさせること

4　子(こ)どもを　あんぜんなところで　あそばせること

1st 22~28

もんだい３

もんだい３では、えを　見(み)ながら　しつもんを　聞(き)いて　ください。

➡(やじるし)の　人(ひと)は　何(なん)と　言(い)いますか。１から３の　中(なか)から、いちばん　いい　ものを　一(ひと)つ　えらんで　ください。

れい

１ばん

２ばん

３ばん

4ばん

5ばん

1st 29-38 もんだい４

もんだい４では、えなどが　ありません。まず　ぶんを　聞いて　ください。それから、 そのへんじを　聞いて、１から３の　中から、いちばん　いい　ものを　一つ　えらんで　ください。

— メモ —

模擬試験（もぎしけん） 第2回（だいかい）

N4

げんごちしき（もじ・ごい）

（25ふん）

3分（1問20秒）

もんだい1　＿＿＿の　ことばは　ひらがなで　どう　かきますか。1・2・3・4から　いちばん　いいものを　ひとつ　えらんで　ください。

（れい）　こうこうせいの　ころは　小説家に　なりたかった。

1　しょうどく　　2　しょうぜい　　3　しょうせつ　　4　しょうわ

（かいとうようし）

（れい）	①　②　●　④

1　にわの　まん中に　太い　木が　うえて　ある。

1　かたい　　2　ふとい　　3　あつい　　4　ひろい

2　今日は　夕方から　あめが　ふる　そうです。

1　ゆかた　　2　ゆがた　　3　ゆうかた　　4　ゆうがた

3　この　国は　とくに　工業が　ゆうめいだ。

1　こぎょ　　2　こうぎょ　　3　こうぎょう　　4　こぎょう

4　この　しょるいを　あしたまでに　送らないと　いけない。

1　おきら　　2　おくら　　3　そうら　　4　そおら

5　この　町は　電車が　ないので　とても　不便だ。

1　ぶびん　　2　ぶべん　　3　ふべん　　4　ふびん

6　わたしは　兄弟が　3人　います。

1　きょでい　　2　きょうでい　　3　きょだい　　4　きょうだい

7 毎日　この　公園の　前を　<u>通って</u>　会社に　行って　いる。

1　とおって　　2　とうって　　3　とって　　4　とおりって

3分（1問30秒）

もんだい2　＿＿＿の　ことばは　どう　かきますか。1・2・3・4から　いちばん　いい　ものを　ひとつ　えらんで　ください。

（れい）　としょかんに　ほんを　<u>かえしました</u>。

1 近しました　　2　送しました　　3　逆しました　　4　返しました

（かいとうようし）

（れい）	① ② ③ ●

---

8 この　もんだいは、よく　<u>かんが</u>えても　わからなかった。

1　者　　2　考　　3　老　　4　孝

9 テストの　<u>てん</u>が　わるかったので、つぎは　もっと　がんばろう。

1　熱　　2　然　　3　点　　4　無

10 まどを　あけて、<u>くうき</u>を　いれかえよう。

1　空気　　2　室気　　3　究気　　4　寒気

11 <u>とり</u>の　なきごえが　聞こえて　きた。

1　島　　2　鳥　　3　馬　　4　嶋

12 この　てらは　500年まえに　<u>たて</u>られた。

1　建て　　2　進て　　3　達て　　4　健て

5分（1問30秒）

もんだい3　（　　　）に　なにを　いれますか。1・2・3・4から　いちばん　いい　ものを　ひとつ　えらんで　ください。

(れい)　ちかくの　（　　　）で　パンと　ぎゅうにゅうを　かいました。

1　レストラン　　2　コンビニ　　3　ぎんこう　　4　やおや

（かいとうようし）

(れい)	①　●　③　④

13　この　会社は　車の　じどううんてんを　（　　　）して　いる。

1　けんきゅう　　2　しょうたい　　3　しつもん　　4　そうだん

14　そぼが　なくなって、とても　（　　　）。

1　にがい　　2　こわい　　3　おかしい　　4　さびしい

15　リンさんは　（　　　）もう　かいしゃに　来て　いるだろう。

1　とくに　　2　じゅうぶん　　3　たまに　　4　きっと

16　この　てがみを　（　　　）に　いれて　きて　ください。

1　ゴール　　2　ホーム　　3　ポスト　　4　リスト

17　あにと　（　　　）と、わたしの　ほうが　はしるのが　はやい。

1　くらべる　　2　ならべる　　3　しらべる　　4　すべる

18　かのじょは　ちょっと（　　　）な　ところが　ある。

1　せいかく　　2　あんぜん　　3　わがまま　　4　とくい

19 毎月、こめを　５（　　　）かって　います。

1　メートル　　2　キロ　　3　センチ　　4　リットル

20（　　　）の　うちがわに　車を　とめて　ください。

1　いろ　　2　せん　　3　かど　　4　はこ

5分（1問1分）

もんだい4 ＿＿＿の　ぶんと　だいたい　おなじ　いみの　ぶんが　あります。1・2・3・4から　いちばん　いい　ものを　ひとつ　えらんで　ください。

（れい）ワンさんに　しんぶんの　コピーを　たのみました。

1　ワンさんに　しんぶんの　コピーを　みせました。
2　ワンさんに　しんぶんの　コピーを　おねがいしました。
3　ワンさんに　しんぶんの　コピーを　あげました。
4　でんしゃの　しんぶんの　コピーを　もらいました。

（かいとうようし）

（れい）	① ● ③ ④

21 3時間の　しけんが　やっと　すんだ。

1　3時間の　しけんが　やっと　書いた。
2　3時間の　しけんが　やっと　つくった。
3　3時間の　しけんが　やっと　わかった。
4　3時間の　しけんが　やっと　おわった。

22 ごごから　ひどい　あめに　なった。

1　ごごから　あめが　つよく　なった。
2　ごごから　あめが　やんだ。
3　ごごから　あめが　よわく　なった。
4　ごごから　あめが　すこし　ふった。

23 今日の　しょくじだいは　ぼくが　はらうよ。

1　今日の　しょくじだいは　ぼくが　おくよ。
2　今日の　しょくじだいは　ぼくが　いれるよ。
3　今日の　しょくじだいは　ぼくが　だすよ。
4　今日の　しょくじだいは　ぼくが　とるよ。

24 しりょうは　もう　できましたか。

1　しりょうは　もう　あんないしましたか。
2　しりょうは　もう　かんせいしましたか。
3　しりょうは　もう　しゅっぱつしましたか。
4　しりょうは　もう　がくしゅうしましたか。

8分（1問2分）

もんだい5　つぎの　ことばの　つかいかたで　いちばん　いい　ものを
1・2・3・4から　ひとつ　えらんで　ください。

（れい）　おく

1　ごみは　ごみばこに　おいて　ください。
2　いそいで　メールを　おいて　ください。
3　にもつは　つくえの　うえに　おいて　ください。
4　なくさないよう　かぎは　かばんに　おいて　ください。

（かいとうようし）

（れい）	① ② ● ④

---

25 ちゅうし

1　あしたの　サッカーの　しあいは、あめでも　ちゅうししない　そうだ。

2　12時から　13時までの　ちゅうしに、おひるごはんを　食べて　ください。

3　かいしゃから　帰る　ちゅうしで、スーパーに　よって　買いものする。

4　なごやは　とうきょうと　おおさかの　ちゅうしに　あります。

26 むり

1　せつめいが　むりで、なんど　読んでも　よく　わからない。

2　行きたかった　コンサートの　チケットが　買えなくて、とても　むりだった。

3　あしたまでに　1人で　この　しごとを　おわらせるのは、むりだと思う。

4　ふくを　買いたかったが、さいふに　おかねが　むりだった。

27 システム

1　こうつうシステムを　まもらなければ、じこが　おきてしまう。

2　しゃかいぜんたいで　ごみを　りようする　システムを　つくっている。

3　しけんの　ために、システムを　たてて　べんきょうを　すすめて　いる。

4　らいしゅう　いっしゅうかんの　かいぎの　システムが　きまった。

28 いっぱい

1　じゅぎょうは　3時　いっぱいに　おわりました。

2　この　りょうりは　いっぱいも　食べた　ことが　ありません。

3　たんじょうびに　プレゼントを　いっぱい　いただいた。

4　この　車は　日本に　いっぱいしか　ない。

模擬試験(もぎしけん) 第2回(だいかい)

N4

言語知識(げんごちしき)（文法(ぶんぽう)）・読解(どっかい)

（55分(ふん)）

7分（1問30秒）

もんだい1 （　）に 何(なに)を 入(い)れますか。1・2・3・4から いちばん いい ものを 一(ひと)つ えらんで ください。

（例(れい)） わたしは 毎朝 牛乳(ぎゅうにゅう)（　　）飲みます。

1 が　　2 の　　3 を　　4 で

（解答用紙）

（例(れい)）	① ② ● ④

1 友だちと 5人（　　）旅行(りょこう)に 行きました。

1 へ　　2 に　　3 で　　4 を

2 もう 9時なので、あの スーパーは 閉(し)まっている（　　）。

1 でしょう　　2 ではない　　3 ところだ　　4 ときです

3 インターネットで 作(つく)り方(かた)を（　　）、おすしを 作(つく)って みました。

1 見れば　　2 見ようと　　3 見そうに　　4 見ながら

4 仕事(しごと)が 多すぎて、夕方(ゆうがた)までに 終(お)わらない（　　）。

1 かもしれません　　2 つもりです
3 ことができます　　4 いけません

5 この 市(し)で 働(はたら)いて（　　）、市(し)の 体育館(たいいくかん)を 使う ことが できます。

1 いるのに　　2 いれば　　3 いようと　　4 いるように

6 田中「山下先生を（　　）ですか。」
木村「いいえ。」

1　おまいり　　2　ごらん　　3　おめしあがり　　4　ごぞんじ

7 この　チョコレートは　1箱（　　）15個　入って　います。

1　も　　2　へ　　3　に　　4　と

8 毎週　母に　電話を　する（　　）に　して　います。

1　まま　　2　みたい　　3　よう　　4　そう

9 私は　毎朝　妹を　起こして（　　）います。

1　もらって　　2　あげて　　3　くれて　　4　おいて

10 私は　きのう　友だちを　2時間も（　　）しまった。

1　待ってくれて　　2　待っていて
3　待たれて　　4　待たせて

11 今　この　ジュースを　買うと、もう　1本　もらえる（　　）。

1　らしい　　2　なさい　　3　やすい　　4　ほしい

12 漢字を　書くときは　ていねい（　　）書いて　ください。

1　な　　2　に　　3　の　　4　で

13 電車の　事故が　ありました。（　　）、学校に　遅刻して　しまいました。

1　けれど　　2　だけど　　3　それで　　4　しかし

もんだい2　＿★＿に入る　ものは　どれですか。1・2・3・4から　いちばん　いい　ものを　一つ　えらんで　ください。

4分（1問50秒）

（問題例）

かばん　＿＿＿　＿＿＿　＿★＿　＿＿＿　が　あります。

1　さいふ　　2　の　　3　中　　4　に

（答え方）

1. 正しい　文を　作ります。

かばん　＿＿＿　＿＿＿　＿★＿　＿＿＿　が　あります。 2　の　3　中　4　に　1　さいふ

2. ＿★＿に　入る　番号を　黒く　塗ります。

（解答用紙）

（例）	①　②　③　●

14 「撮影禁止（さつえいきんし）」は、＿＿＿　＿＿＿　＿★＿　＿＿＿　意味（いみ）です。

1　という　　2　ここで　　3　撮（と）るな　　4　写真（しゃしん）を

15 ＿＿＿　＿＿＿　＿★＿　＿＿＿　車を　借りました。

1　キャンプに　　2　ために　　3　行く　　4　大きい

16 先生の　友だちの　＿＿＿　＿＿＿　＿★＿　＿＿＿　います。

1　させて　　2　もらって
3　店で　　4　アルバイトを

17 チケットが　＿＿＿　＿＿＿　＿★＿　＿＿＿　無料（むりょう）で　中に　入（はい）れます。

1　ても　　2　なく
3　見せれば　　4　この　ハガキを

もんだい3 [18]から [21]に 何を 入れますか。文章(ぶんしょう)の 意味(いみ)を 考(かんが)えて、1・2・3・4から いちばん いい ものを 一(ひと)つ えらんで ください。

5分（1問70秒）

朝ねぼう

私は 今朝(けさ)、ねぼうして しまった。[18] 、きのう、夜遅く まで、スマートフォンで ドラマを 見て いたからだ。あしたも 学校が あるので、早く [19]と 思ったが、ドラマが だんだん おもしろく なって きて、見るのを やめることが できなかった。そして、ドラマが 終わった あと、すぐに [20] が、なかなか ねむれなかった。それで、朝ねぼうを して、母(はは)に とても [21]。

18

1 それで　　2 だから
3 それに　　4 なぜかというと

19

1 寝(ね)てもいい　　2 寝(ね)たほうがいい
3 寝(ね)てはいけない　　4 寝(ね)ることにする

20

1 寝(ね)たところ　　2 寝(ね)てしまった
3 寝(ね)てみた　　4 寝(ね)ようとした

21

1 怒(おこ)られた　　2 怒(おこ)れた
3 起(お)こされた　　4 起(お)きられた

もんだい4　つぎの(1)から(4)の文章を読んで、質問に答えてください。答えは、1・2・3・4から、いちばんいいものを一つえらんでください。

9分（1問3分）

(1)

どんな季節にもお店に並んでいる玉ねぎですが、春になると、「新玉ねぎ」という名前のものが見られるようになります。とれる時期は変わらないのですが、そのあとが違います。ふつうの玉ねぎは周りが乾いて茶色くなってから売られますが、新玉ねぎはすぐに売られるのです。味も食べた感じも少し違います。新玉ねぎは甘くて、やわらかいので、生でもおいしく食べることができるのです。ふつうの玉ねぎとは違う、新玉ねぎだけのおいしさをぜひ感じてみてください。

22　ふつうの玉ねぎと新玉ねぎは何が同じだと言っていますか。

1　味
2　食べ方
3　とられる時期
4　お店に並ぶ時期

(2)

兄はよく、仕事で地方に行く。たいていの場合、行き先で泊まることになるので、いつでも行けるように「お泊まりバッグ」を用意している。その中には、下着やメガネなど、泊まるのに必要なものを入れている。しかし、「お泊まりバッグ」は便利だが、気をつけなければならないことがある。それは、ふだんの仕事かばんと間違えてしまうことだ。この前も、会社に服が入ったほうを持って行ってしまったそうだ。気に入っているのはわかるが、いつも使う仕事かばんと色も形も同じにするのはやめたほうがいいと思う。

23 「私」は兄にどんなアドバイスをしていますか。

1　「お泊まりバッグ」を用意するのをやめたほうがいい

2　「お泊まりバッグ」の色か形を変えたほうがいい

3　ふだんの仕事かばんにも、泊まるのに必要なものを入れたほうがいい

4　泊まるのに必要なものを会社に置いておいたほうがいい

(3)

これは友だちからのはがきです。

> はるかさんへ
>
> 　おひさしぶりです。元気にしていますか。
>
> 　沖縄に住みはじめて１か月がたちました。こちらの生活にも慣れて、週末にはよく、きれいな海で泳いでいます。最近は、近所の人に沖縄料理の作り方を教わりました（今度は、沖縄の楽器の弾き方も教わります！）。
>
> 　仕事の関係で急にこちらに来ることになって、最初はいろいろと心配でしたが、今ではこちらの生活を楽しんでいます。夏休みには、ぜひ遊びに来てください。
>
> ○月○日　林たかこ

24 林さんはどうして沖縄で暮らしていますか。

1　沖縄のきれいな海で泳ぎたかったから。

2　沖縄の料理に興味があったから。

3　沖縄で仕事をすることになったから。

4　沖縄の人と親しくなったから。

13分 **もんだい5** つぎの文章を読んで、質問に答えてください。答えは、1・2・3・4から、いちばんいいものを一つえらんでください。

これはマリーさんが書いた作文です。

私のおばあちゃん

マリー・ヒメネス

　私のおばあちゃんの名前は「優」です。でも、本当のおばあちゃんではありません。優さんは、となりのうちに一人で住んでいます。ちょうど１年前、学校の帰りに優さんが声をかけてくれました。学校で友だちとけんかをして、私はもう学校に行きたくないと思っていました。でも、優さんが「それは大変だったね」と静かに話を聞いてくれて、そのうち、私はまた、学校に行く気持ちになりました。亡くなった私の本当のおばあちゃんも、静かに私の話を聞いて、元気にしてくれました。だから、今では、①<u>優さんも私のおばあちゃんだと思っています</u>。

　そんな優さんも元気じゃないときがあったそうです。それは、旦那(注1)さんが亡くなったときです。何もする気持ちになれなくて、毎日ずっと庭ばかり見ていたそうです。でも、ある日、庭の桜が咲いているのに気づきました。桜は旦那さんが一番好きだった花で、優さんは、旦那さんから「このままじゃだめだよ」というメッセージだと思ったそうです。それから、優さんは（　　　）。

　優さんの名前の「優」は、やさしいという意味だそうです。優さんのうちには、近所の人が話をしに来ます。そして、みんないつもにこにこ(注2)して帰っていきます。きっと②<u>優さんの気持ち</u>がそうさせているんだと思います。

（注１）旦那さん：この文では優さんの夫のこと

（注２）にこにこして：（静かに明るい顔で）笑って

25 なぜ「私」は①優さんも私のおばあちゃんだと思っていますか。

1　本当のおばあちゃんが死んで、さびしいから

2　本当のおばあちゃんと名前が同じだから

3　本当のおばあちゃんのようによく声をかけてくれるから

4　本当のおばあちゃんのように話を聞いてくれたから

26（　　）に入れるのに、いちばんいい文はどれですか。

1　ずっと庭ばかり見るのをやめました

2　桜の木だけを見るようになりました

3　元気がなかった私に声をかけました

4　旦那さんからのメッセージを読むようになりました

27 ②優さんの気持ちとはどんな気持ちですか。

1　人と楽しい話をしたいという気持ち

2　人に元気になってもらいたいという気持ち

3　きれいな桜を見せてあげたいという気持ち

4　おもしろい話をして笑わせたいという気持ち

10分

もんだい6 右のページのお知らせを見て、下の質問に答えてください。答えは、1・2・3・4から、いちばんいいものを一つえらんでください。

28 リタさんとアキさんは、アルバイトを始めようと思っています。学校の授業は朝9時から12時までなので、昼ご飯を食べたあとで働きたいと思っています。夜遅い時間は働きたくないです。リタさんたちが選べるのは、どれですか。

1　①と②

2　③と④と⑥

3　①と③と⑤

4　②と③

29 アニスさんは、アルバイトを探しています。週末に16時間以上働きたいですが、朝はゆっくりしたいので始まる時間が10時より遅いものがいいです。時給は1100円以上がいいです。アニスさんが選べるのは、どれですか。

1　①と②

2　⑤と⑥

3　①と③と④

4　②と⑤と⑥

ABC 日本語学校　アルバイト情報

仕事	場所	給料　/ 1 時間	時間	申し込み方法
① ホテルの そうじ	中村駅から 歩いて 1 分	930 円 / 1 時間 電車代 1 日 500 円まで	9：00 ～ 15：00 週に 3 日以上働ける人	林先生に話す
② ラーメン屋の キッチン	東山駅の近く 学校から自転車で 15 分	1050 円 / 1 時間 交通費はありません	16：00 ～ 20：00 金・土・日	電話 00-5298-1111 店長
③ ファストフード のレジ	東山駅の前	1000 円 / 1 時間 交通費がもらえます	14:00 ～ 19:00 月～日 週 3 日以上働ける人	電話 00-8297-1983 店長
④ お弁当の工場	ひかり台駅から バスで 20 分	1100 円 / 1 時間 交通費はありません	8：00 ～ 17：00 週 2 日以上働ける人	電話 00-3324-5589 株式会社ハイリターン
⑤ すし屋の キッチン	東山駅の近く ひかり台駅の近く 中村駅の近く	1200 円 / 1 時間 交通費がもらえます	月～金 17：00 ～ 23：00 土日 11：00 ～ 20：00	林先生に話す
⑥ コンビニ	東山駅から バスで 20 分	1100 円 / 1 時間	15：00 ～ 22：00 週 2 日以上働ける人	林先生に話す

模擬試験(もぎしけん) 第2回(だいかい)

N4

聴解(ちょうかい)

(35分(ふん))

2nd 02~11 もんだい１

　もんだい１では、まず　しつもんを　聞いて　ください。それから　話を聞いて、もんだいようしの　１から４の　中から、いちばん　いい　ものを一つ　えらんで　ください。

れい

1　パン屋
2　本屋
3　コンビニ
4　スーパー

１ばん

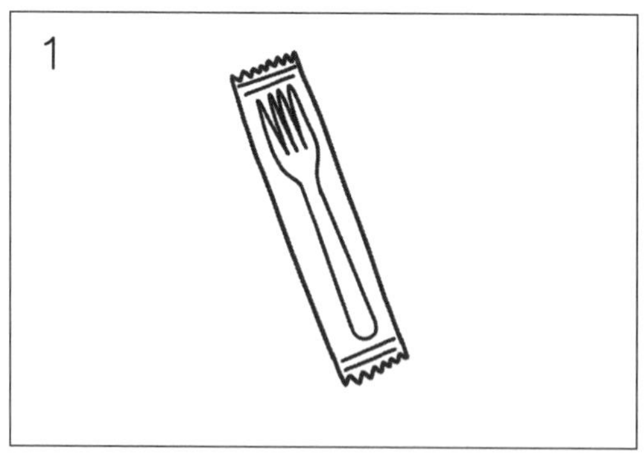

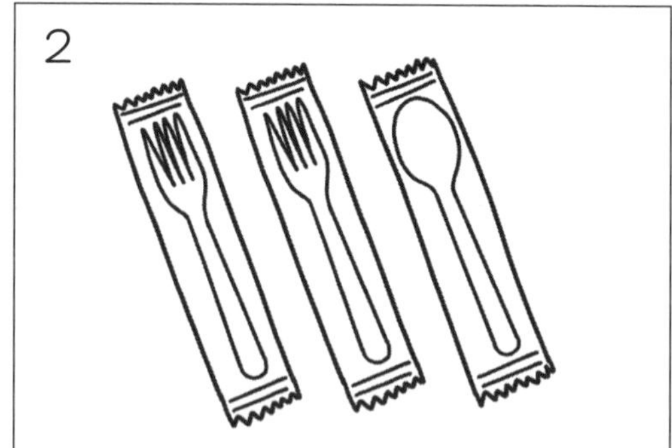

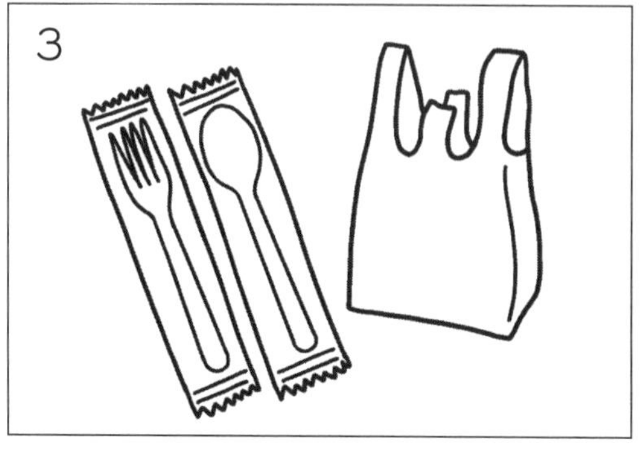

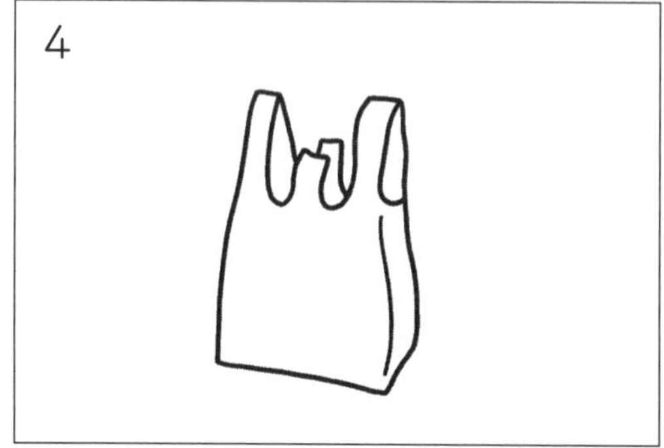

2ばん

3

日	月	火	水	木	金	土
26	27	28	1	2	3	4
5	6	7	8	9	10	11
12	13	14	15	16	17	18
19	20	21 春分の日	22	23	24	25
26	27	28	29	30	31	1

1 → 15　2 → 20　3 → 21　4 → 22

3ばん

1

2

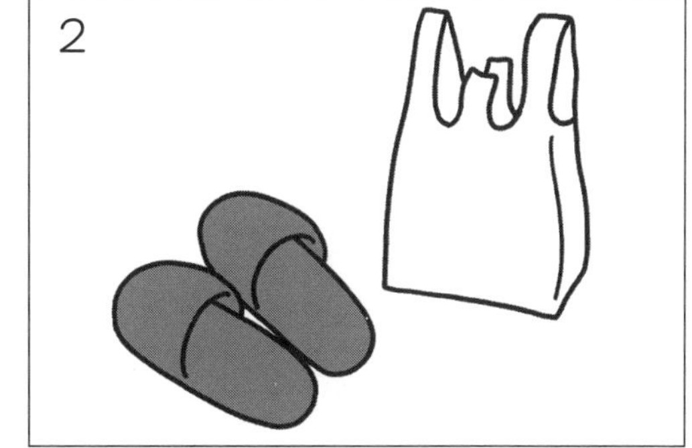

3

4

4ばん

ア	学生ばんごう：
イ	名前：
ウ	郵便ばんごう：
エ	じゅうしょ：
オ	電話ばんごう：

1　ア、イ、ウ

2　イ、ウ、エ

3　ア、イ、ウ、オ

4　イ、ウ、エ、オ

5ばん

6ばん

7ばん

1　家に　帰る
2　ほかの　スーパーに　行く
3　小さいサイズの　シャンプーを　買う
4　ほかの　シャンプーの　大きい　サイズを　買う

8ばん

1　メールを　送る
2　電話を　かける
3　注文の　メールを　見る
4　たなを　送る

2nd 12~20

もんだい２

もんだい１では、まず　しつもんを　聞いて　ください。それから　話を　聞いて、もんだいようしの　１から４の　中から、いちばん　いい　ものを　一つ　えらんで　ください。

れい

1　しごとが　たいへんだから
2　アルバイト代が　安いから
3　べんきょうが　いそがしく　なったから
4　りゅうがくを　することに　なったから

１ばん

1　くつと　かばん
2　ふくと　かばん
3　ふくと　くつ
4　かばんだけ

2ばん

1　さくらの　木(き)の　した

2　やまの　いちばん　たかい　ところ

3　おてらの　なか

4　いろいろな　花(はな)の　まえ

3ばん

1　トイレの　場所(ばしょ)を　まちがえたから

2　勝手(かって)に　飲(の)み物(もの)を　買(か)ったから

3　先生(せんせい)に　何(なに)も　言(い)わないで　トイレに　行(い)ったから

4　みんなと　一緒(いっしょ)に　ご飯(はん)を　食(た)べなかったから

4ばん

1　1日(いちにち)

2　2日(ふつか)

3　3日(みっか)

4　4日(よっか)

5ばん

1　年2回の　テスト

2　テストと　レポート

3　出席と　レポート

4　出席と　レポートと　テスト

6ばん

1　きょうの　午前9時ごろ

2　きょうの　午後1時ごろ

3　きょうの　午後4時半ごろ

4　きょうの　午後9時ごろ

7ばん

1　水曜日の　5時

2　水曜日の　仕事が　終わったあと

3　土曜日の　2時

4　歯が　痛くなったとき

2nd 22~28 もんだい3

もんだい3では、えを　見ながら　しつもんを　聞いて　ください。

➡(やじるし)の　人は　何と　言いますか。1から3の　中から、いちばん　いい　ものを　一つ　えらんで　ください。

れい

1ばん

2ばん

3ばん

4ばん

5ばん

2nd 29-38

もんだい４

もんだい４では、えなどが　ありません。まず　ぶんを　聞(き)いて　ください。それから、そのへんじを　聞(き)いて、１から３の　中(なか)から、いちばん　いい　ものを　一(ひと)つ　えらんで　ください。

— メモ —

模擬試験（もぎしけん）第3回（だいかい）

N4

げんごちしき（もじ・ごい）

（25ふん）

模擬試験
第３回

3分（1問20秒）

もんだい１　＿＿＿の　ことばは　ひらがなで　どう　かきますか。1・2・3・4から　いちばん　いい　ものを　ひとつ　えらんで　ください。

（れい）　こうこうせいの　ころは　小説家に　なりたかった。

1　しょうどく　　2　しょうぜい　　3　しょうせつ　　4　しょうわ

（かいとうようし）

（れい）	①　②　●　④

1　ともだちと　ギターを　習って　います。

1　かって　　2　はしって　　3　かよって　　4　ならって

2　夏が　いちばん　すきです。

1　はる　　2　なつ　　3　あき　　4　ふゆ

3　これで　最後ですね。

1　さいご　　2　さいこう　　3　ざいご　　4　ざいこう

4　あそこに　じてんしゃが　五台　あります。

1　にだい　　2　ごだい　　3　ろくだい　　4　はちだい

5　あの　人は　まつださんの　お兄さんです。

1　おねえさん　　2　おにいさん　　3　おねさん　　4　おにさん

6　へやが　ちょっと　暗いです。

1　くらい　　2　あかるい　　3　すくない　　4　おおい

7 特に　たべたい　ものは　ありません。

1　たまに　　2　すぐに　　3　とくに　　4　さきに

3分（1問30秒）

もんだい2　＿＿＿の　ことばは　どう　かきますか。1・2・3・4から　いちばん　いい　ものを　ひとつ　えらんで　ください。

（れい）　としょかんに　ほんを　かえしました。

1　近しました　　2　送しました　　3　逆しました　　4　返しました

（かいとうようし）

（れい）	① ② ③ ●

---

8 この　かばんは　おもいです。

1　重い　　2　軽い　　3　思い　　4　広い

9 この　まちは　こうつうが　べんりです。

1　交通　　2　交道　　3　校通　　4　校道

10 きのう　たくさん　うんどうを　しました。

1　雲働　　2　雲動　　3　運働　　4　運動

11 やまださんは　しんせつです。

1　新切　　2　新説　　3　親切　　4　親説

12 ドアを　あけて　くれませんか。

1　開けて　　2　問けて　　3　門けて　　4　閉けて

5分（1問30秒）

もんだい3 （　　）に　なにを　いれますか。1・2・3・4から　いちばん　いい　ものを　ひとつ　えらんで　ください。

（れい） ちかくの　（　　）で　パンと　ぎゅうにゅうを　かいました。

1　レストラン　　2　コンビニ　　3　ぎんこう　　4　やおや

（かいとうようし）

（れい）	①　●　③　④

---

13 こうえんに　100人（　　）の　人が　いました。

1　いじょう　　2　いない　　3　いがい　　4　いったい

14 この　くすりは、ちょっと　（　　）あじが　します。

1　おもい　　2　にがい　　3　からい　　4　ふかい

15 そぼの　びょうきが　（　　）、うれしいです。

1　なおって　　2　おわって　　3　きれて　　4　けして

16 かぜを　ひきましたから、話すとき、（　　）が　いたいです。

1　あし　　2　おなか　　3　くび　　4　のど

17 だいがくの　しけんの　（　　）は、どうでしたか。

1　げんいん　　2　けっか　　3　ごうかく　　4　やくそく

18 はらださんは、わたしの　こうこうの　（　　）です。

1　えきいん　　2　ぶちょう　　3　しゃいん　　4　せんぱい

19 かいぎで、ほかの　人から　いろいろな（　　　）を　もらいました。

1　アイディア　　2　ニュース　　3　カラオケ　　4　アンケート

20 学生の　ときは、いろいろな　アルバイトを（　　　）しました。

1　やくそく　　2　けいけん　　3　きかい　　4　けいかく

もんだい4　＿＿＿の　ぶんと　だいたい　おなじ　いみの　ぶんが　あります。1・2・3・4から　いちばん　いい　ものを　ひとつ　えらんで　ください。

5分（1問1分）

（れい）　ワンさんに　しんぶんの　コピーを　たのみました。

1　ワンさんに　しんぶんの　コピーを　みせました。

2　ワンさんに　しんぶんの　コピーを　おねがいしました。

3　ワンさんに　しんぶんの　コピーを　あげました。

4　でんしゃの　しんぶんの　コピーを　もらいました。

（かいとうようし）

（れい）	①　●　③　④

---

21 たなかさんは　にこにこして　いました。

1　たなかさんは　おこって　いました。

2　たなかさんは　わらって　いました。

3　たなかさんは　ないて　いました。

4　たなかさんは　びっくりして　いました。

22 わたしは　やまださんを　えいがに　さそいました。

1　わたしは　やまださんに「いっしょに　えいがに　行きませんか」と言いました。

2　わたしは　やまださんに「こんど　えいがに　行きたいです」と言いました。

3　わたしは　やまださんに「きょう　えいがに　行ってきます」と言いました。

4　わたしは　やまださんに「あした　えいがに　行けません」と言いました。

23 わたしの　いもうとは　おとなしいです。

1　わたしの　いもうとは　げんきです。

2　わたしの　いもうとは　しずかです。

3　わたしの　いもうとは　うるさいです。

4　わたしの　いもうとは　やさしいです。

24 かいぎの　じかんを　チェックします。

1　かいぎの　じかんを　きめます。

2　かいぎの　じかんを　かんがえます。

3　かいぎの　じかんを　かくにんします。

4　かいぎの　じかんを　ききます。

8分（1問2分）

もんだい5　つぎの　ことばの　つかいかたで　いちばん　いい　ものを　1・2・3・4から　ひとつ　えらんで　ください。

（れい）　おく

1　ごみは　ごみばこに　おいて　ください。

2　いそいで　メールを　おいて　ください。

3　にもつは　つくえの　うえに　おいて　ください。

4　なくさないよう　かぎは　かばんに　おいて　ください。

（かいとうようし）

（れい）	① ② ● ④

25　むしあつい

1　その　スープは　まだ　むしあついから、気をつけて　ください。

2　きのうから　あめが　ふって　いて、へやが　むしあついです。

3　けさ　おきたら、38度の　ねつが　むしあつかった　そうです。

4　たなかさんは、500ページも　ある、むしあつい　本を　よんで　いました。

26　こしょうする

1　かいしゃの　パソコンが　こしょうして　しまいました。

2　たいふうで、こうえんの　木が　こしょうして　しまいました。

3　ふくろが　こわれて、りんごが　こしょうして　しまいました。

4　かさが　こしょうしたので、あたらしいのを　買います。

27 おれい

1　しごとの　じかんに　おくれたので、「すみません」と　おれいを　言いました。

2　あさ、ともだちに「おはようございます」と　おれいを　言いました。

3　たなかさんに　てつだって　もらったので、「ありがとう」と　おれいを　言いました。

4　かえる　ときは、「おさきに　しつれいします」と　おれいを　言いました。

28 きんじょ

1　ゆうびんきょくは、スーパーの　きんじょに　ありますよ。

2　その　たなの　きんじょに、はさみが　あると　思います。

3　あの　あかい　ふくの　女の　人の　きんじょに　いるのが　ワンさんです。

4　わたしの　うちの　きんじょには、コンビニが　ありません。

模擬試験

第3回

N4

言語知識（文法）・読解

（55分）

7分（1問30秒）

もんだい1　（　　）に　何(なに)を　入(い)れますか。1・2・3・4から　いちばん　いい　ものを　一(ひと)つ　えらんで　ください。

（例(れい)）　わたしは　毎朝　牛乳(ぎゅうにゅう)（　　　）　飲みます。

1　が　　2　の　　3　を　　4　で

（解答用紙(かいとうようし)）

（例(れい)）	①　②　●　④

1　ゆうべ　つかれて　いた　みたいで、（　　　）　寝て　しまいました。

1　10時間しか　　2　10時間も　　3　10時間に　　4　10時間なら

2　あには　運動(うんどう)が　得意(とくい)ですが、わたし（　　　）苦手(にがて)です。

1　は　　2　が　　3　も　　4　ほど

3　この　車には　7人（　　　）乗れます。

1　を　　2　に　　3　まで　　4　によって

4　子どもの　とき、いつも　友だちと　あそぶ　前に　母（　　　）　宿題(しゅくだい)を　させられました。

1　は　　2　より　　3　に　　4　の

5　もし　しつもんが　あれば、（　　　）ことでも　答(こた)えます。

1　なん　　2　どれ　　3　いくつ　　4　どんな

6　朝、かばんに　さいふを　入れた（　　　）、見つからないんです。

1　から　　2　なら　　3　まま　　4　のに

7 青木（あおき）「キムさん、その　かばん、いいですね。」
森（もり）「ありがとうございます。母（　　　）くれたんです。」

1　は　　2　が　　3　に　　4　から

8 明日　試験（しけん）が　あることを（　　　）忘（わす）れて　いました。

1　ちっとも　　2　はっきり　　3　しっかり　　4　すっかり

9 わたしは（　　　）この　カフェで　勉強します。

1　きっと　　2　たまに　　3　そろそろ　　4　ぜひ

10 この　国には　海（うみ）が　ないので、子どもたちは　海（うみ）を（　　　）。

1　見た　ほうが　いいです　　2　見ては　いけません
3　見なければ　いけません　　4　見たことが　ありません

11 高橋（たかはし）「あのう、シャワーの　お湯（ゆ）が　出ないんですが……。」
西村（にしむら）「ここを　右に（　　　）出ます。」

1　回（まわ）すなら　　2　回（まわ）しても　　3　回（まわ）すから　　4　回（まわ）せば

12 林（はやし）「かぜを　ひいた　みたいです。すみませんが、今日は　もう　帰っても　いいですか。」
石川（いしかわ）「ええ、もちろんです。早く（　　　）、病院に　行ったほうが　いいですよ。」

1　治（なお）るまで　　2　治（なお）すので
3　治（なお）るように　　4　治（なお）すあいだに

13 田中「すみません。少し　仕事を　手伝って　もらえませんか。」
森「いいですよ。何を（　　　）。」
田中「これを　コピーして、会議室に　持って行って　ほしいんです。」

1　したら　いいですか　　2　しても　いいですか
3　することが　できますか　　4　して　いただけますか

4分（1問50秒）

もんだい2　＿★＿に入る　ものは　どれですか。1・2・3・4から　いちばん　いい　ものを　一つ　えらんで　ください。

（問題例）

かばん　＿＿＿　＿＿＿　＿★＿　＿＿＿　が　あります。

1　さいふ　　2　の　　3　中　　4　に

（答え方）

1. 正しい　文を　作ります。

かばん　＿＿＿　＿＿＿　＿★＿　＿＿＿　が　あります。 2　の　3　中　4　に　1　さいふ

2. ＿★＿に　入る　番号を　黒く　塗ります。

（解答用紙）

（例）	①②③●

---

14 去年まで　そふが　＿＿＿　＿＿＿　＿★＿　＿＿＿　ことに　しました。

1　来月　　　　2　住んで　いた
3　ひっこす　　4　家に

15 シンさん　＿＿＿　＿＿＿　＿★＿　＿＿＿　人には　会った　ことが　ありません。

1　に　　2　やさしい　　3　ほど　　4　子ども

16 父が　＿＿＿　＿＿＿　＿★＿　＿＿＿　ので、わたしは　食べられません。

1　チョコレートは　　2　使って　いる
3　食べて　いる　　　4　お酒を

17 森　「今日は　みなさんに　大学での　＿＿＿　＿＿＿　＿★＿　＿＿＿　ユンさんが　来て　くれました。」
ユン「はじめまして。ユン・ソジンです。この　学校を　卒業して、Ｔ大学に　入りました。今、３年生です。」

1　話を　する　　2　ために
3　先輩の　　　　4　生活に　ついて

もんだい3 [18] から [21] に 何を 入れますか。文章の 意味を 考えて、1・2・3・4から いちばん いい ものを 一つ えらんで ください。

5分（1問70秒）

下の 文章は、留学生の 作文です。

富士山

グエン フー クアン

わたしは、日本に 来る前、富士山に 登りたいと [18]。とても きれいな 山ですから。[19]、日本に 来て、それは 難しいと わかりました。日本人の 友達に 話したら、「けっこう 大変だよ」と 言われました。高い 山なので、バスで 山の 上まで 行くことは できないそうです。歩いて 登って、とちゅうで 1回か 2回 泊まらなければ なりません。また、寒いので、1年の 中で 夏 [20] 登っては いけません。ふつうの 服や くつじゃなくて、ちゃんと じゅんびを しなければ なりません。ざんねんですが、無理だと 思いました。

先週、東京から 名古屋に 行く 途中で、新幹線から 富士山が 見えました。とても 大きい 山でした。ともだちと、スマートフォンで 写真を とりました。うれしかったです。いつか、ちゃんと じゅんびして、富士山に [21]。

18

1　思って　います　　2　思って　いました
3　思われて　いました　　4　思って　おきました

19

1　しかし　　2　たとえば　　3　それなら　　4　それに

20

1　が　　2　しか　　3　は　　4　なら

21

1　登（のぼ）りそうです　　2　登（のぼ）るようです
3　登（のぼ）るそうです　　4　登（のぼ）りたいです

9分（1問3分）

もんだい４　つぎの⑴から⑷の文章を読んで、質問に答えてください。答えは、１・２・３・４から、いちばんいいものを一つえらんでください。

⑴

これは、ようこさんがみきこさんに送ったメールです。

> みきこさん
>
> 　先週のパーティーは、みきこさんが来られなくなって、ざんねんでした。体のちょうしはもうだいじょうぶですか。田中さんもしんぱいしていましたよ。
>
> 　それで、また今度、田中さんと３人で会いませんか。田中さんが、すてきなカフェを見つけたと言っていたので、そこで食事でもしましょう。みきこさんの都合のいい日を教えてください。田中さんがカフェを予約してくれるので、私から伝えます。無理はしないでくださいね。元気になってからでだいじょうぶです。
>
> ようこ

22　みきこさんはこれからどうしますか。

1　田中さんに都合のいい日を伝えます。

2　ようこさんに体のちょうしを伝えます。

3　ようこさんに都合のいい日を伝えます。

4　すてきなカフェを見つけて予約をします。

(2)

私はコーヒーが好きです。毎日、何杯も飲みます。まず、朝起きてすぐに飲みます。朝は何も入れないで飲みます。苦いですが、目が覚めて、「今日も一日がんばろう」という気持ちになります。午後は、３時ごろにお菓子を食べながら飲みます。夏は冷たいコーヒー、冬は温かいコーヒーを飲みます。お菓子はあまいですから、そのまま飲みます。夜はミルクをたくさん入れて飲みます。好きな音楽を聞きながら飲むと、リラックスできて、とても気持ちがいいです。

23 「私」はどうやってコーヒーを飲みますか。

1　朝と午後３時は何も入れないで、夜はミルクを入れて飲みます。

2　朝は何も入れないで、午後３時と夜はさとうを入れて飲みます。

3　朝は何も入れないで、午後３時はさとうを入れて、夜はミルクを入れて飲みます。

4　朝と夜はさとうを入れないで、午後３時はさとうを入れて飲みます。

(3)

日曜日、友だちとお花見に行きました。さくらを見るのは、初めてでした。みんなでさくらを見ながら、お弁当を食べました。天気もよくて、さくらはとてもきれいでした。それに、お花見に来ている人たちは、みんなとても仲がよさそうで、楽しそうでした。幸せそうな人をたくさん見て、私もとても楽しい気持ちになりました。

24 「私」はどうして楽しい気持ちになりましたか。

1　初めて友だちとお花見に行ったから

2　晴れていて、さくらの花がきれいだったから

3　そこにいたみんなと仲よくなったから

4　みんなが楽しそうで幸せそうだったから

13分

もんだい5 つぎの文章を読んで、質問に答えてください。答えは、1・2・3・4から、いちばんいいものを一つえらんでください。

私は最近、ピアノを習いはじめました。去年、60歳になって仕事をやめて、時間ができたのです。ピアノは子どものころから習い続けていましたが、高校生の時、勉強がいそがしくなって、やめてしまいました。働きはじめてからは、残業も多くて、ピアノのことを考えなくなりました。でも、仕事をやめて、半年ぐらいたったある日、新聞に大人のためのピアノ教室のチラシが入っていました。それを見て、ピアノを習っていたことを思い出しました。それで、もう一度ひいてみたくなったのです。

ひさしぶりにピアノを習って、子どものころとはちがう楽しさを見つけました。子どものころは、がくふに書いてあるとおり、まちがえないようにひいていました。正しく上手にひけると、うれしかったですし、先生にもほめられました。でも、今は、まちがわずにひくことより、どのようにひくかを教えてくれます。「はじめはやさしくひいてみましょう。」とか、「ここから喜びの気持ちがどんどん大きくなります。」とか、曲のイメージについて話してくれます。それで、私も、自分のイメージを音にすることが楽しくなったんです。

毎年10月に、先生と生徒たちの発表会があります。今年の発表会には私も出たいと思っています。まだ下手ですが、たくさん練習して、(　　　　)。

25 この人は、なぜピアノを習いはじめましたか。

1　子どものころから、ピアノを習ってみたいと思っていたから。

2　子どものころに習っていたピアノを、もう一度ひきたいと思ったから。

3　ピアノのチラシを見て、ピアノを買ったから

4　仕事や勉強がいそがしくて、つかれたときにひきたいから。

26 子どものころとはちがう楽（たの）しさは、どんなことですか。

1　正しく上手にひくこと

2　先生にしかられないようにひくこと

3　先生にひき方をほめられること

4　自分のイメージでひくこと

27 （　　　）に入れるのに、いちばんいい文はどれですか。

1　私のイメージをみなさんに伝（つた）えたいです

2　子どものころより上手にひきたいです

3　まちがえないようにひきたいです

4　ピアノの楽（たの）しさを子どもたちに教えたいです

もんだい6 右のページの「日本語コース」のお知らせを見て、下の質問に答えてください。答えは、1・2・3・4から、いちばんいいものを一つえらんでください。

10分

28 一人ずつ教えてくれるコースの場合、毎月全部でいくらかかりますか。

1 400円

2 1000円

3 1500円

4 800円

29 ニャムさんは、日本語を勉強したいです。仕事の休みは、月曜と土曜です。漢字は得意なので、そのほかのことが勉強したいです。ニャムさんは、どのコースで勉強しますか。

1 漢字

2 生活の日本語

3 はじめての日本語

4 なんでも日本語

やまと市　日本語コース

漢字	生活（せいかつ）の日本語
生活（せいかつ）でよく使う漢字をおぼえます。 時間：毎週火曜 9：00 ～ 10：00 お金：1回 100 円	買い物や近所の人との会話（かいわ）など、よく使う日本語を勉強します。 時間：水曜(月に２回) 11：00 ～ 12：00 お金：1か月 500 円
はじめての日本語	**なんでも日本語**
日本語を最初（さいしょ）からしっかり勉強します。 時間：毎週木曜か土曜 16：00 ～ 17：00 お金：1か月 1500 円	一人一人、勉強したいことを教えます。 ※クラス授業ではありません 時間：毎週日曜 9：00 ～ 11：00 お金：1回 200 円

模擬試験 第3回

N4

聴解

（35分）

3rd 02~11 もんだい１

もんだい１では、まず　しつもんを　聞(き)いて　ください。それから　話(はなし)を聞(き)いて、もんだいようしの　１から４の　中(なか)から、いちばん　いい　ものを一(ひと)つ　えらんで　ください。

れい

1　パン屋(や)
2　本屋(ほんや)
3　コンビニ
4　スーパー

１ばん

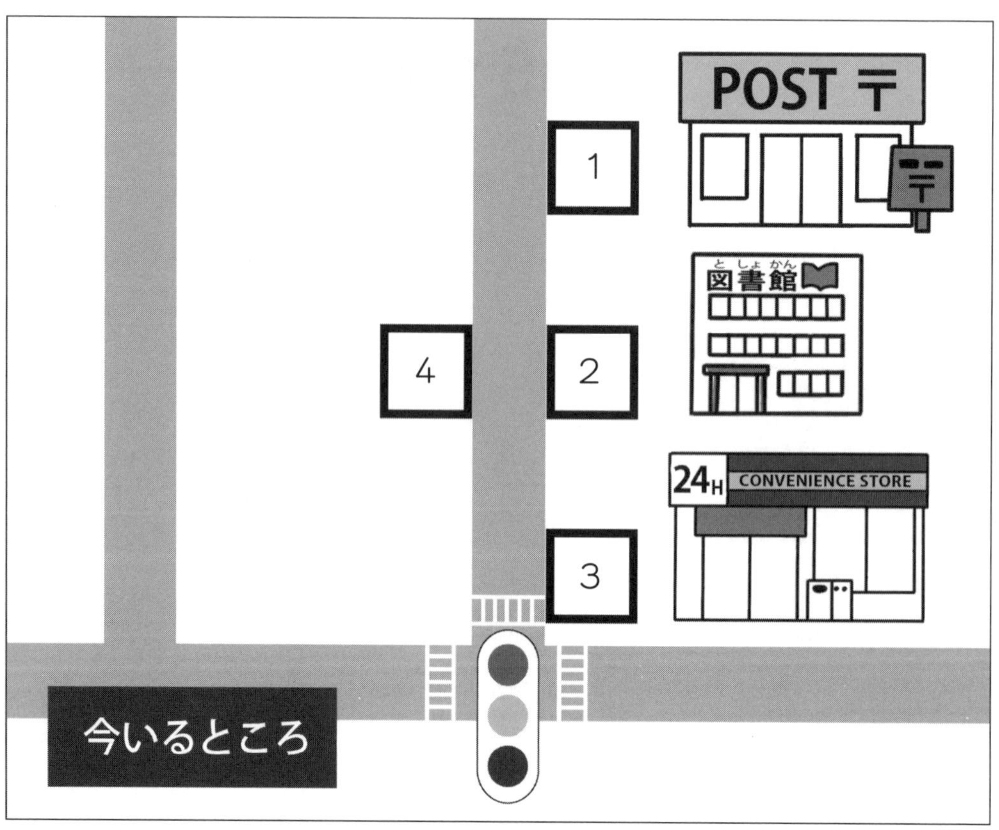

2ばん

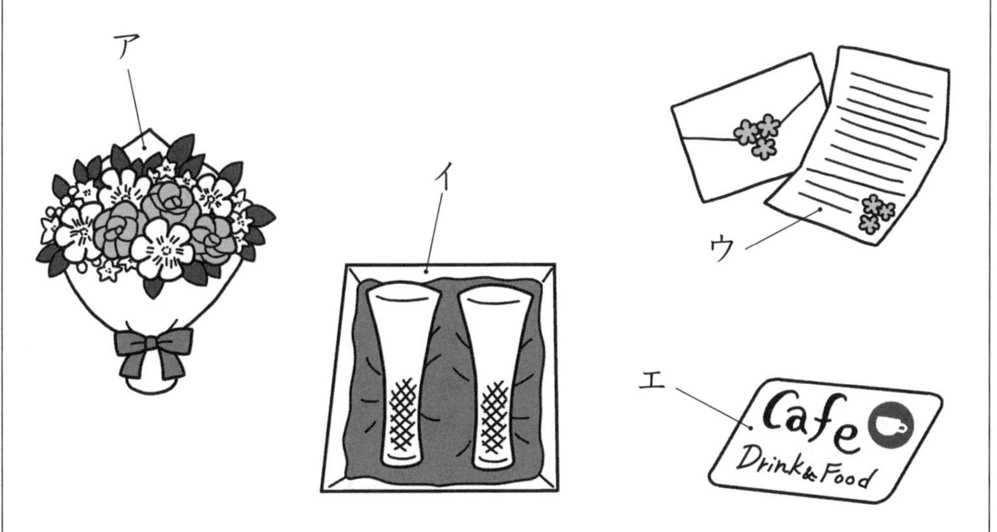

1　ア　イ

2　イ　ウ

3　ア　エ

4　イ　エ

3ばん

1　お金(かね)を　用意(ようい)する

2　服(ふく)と　くつを　用意(ようい)する

3　練習(れんしゅう)に　参加(さんか)する

4　練習(れんしゅう)を　見(み)る

4ばん

1

2

3

4
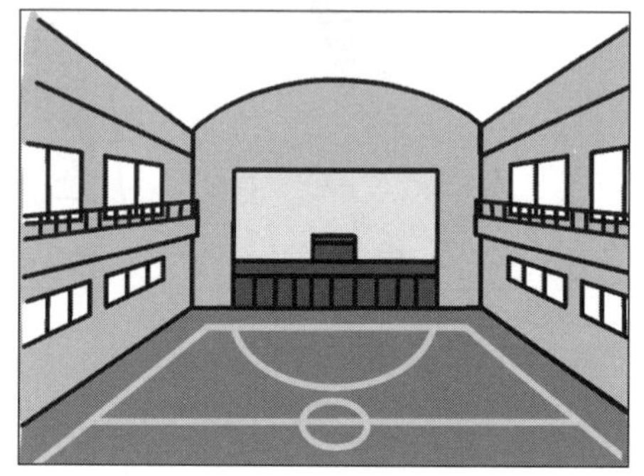

5ばん

1

2

3

4

6ばん

1　空港(くうこう)行(ゆ)きの　バス

2　工業大学(こうぎょうだいがく)行(ゆ)きの　バス

3　市民病院(しみんびょういん)行(ゆ)きの　バス

4　緑山公園前(みどりやまこうえんまえ)行(ゆ)きの　バス

7ばん

1　午前(ごぜん) 10 時(じ)

2　午前(ごぜん) 11 時(じ)

3　昼(ひる) 12 時(じ)

4　午後(ごご) 5 時(じ)

8ばん

1

2

3

4

3rd 12~20

もんだい2

もんだい1では、まず　しつもんを　聞いて　ください。それから　話を聞いて、もんだいようしの　1から4の　中から、いちばん　いい　ものを一つ　えらんで　ください。

れい

1　しごとが　たいへんだから
2　アルバイト代が　安いから
3　べんきょうが　いそがしく　なったから
4　りゅうがくを　することに　なったから

1ばん

1　熱が　高かったから
2　声が　出なかったから
3　病院に　行きたかったから
4　頭が　痛かったから

2ばん

1　新しい　チーズケーキが　出る
2　誕生日の　人は　安くなる
3　子どもたちは　クッキーが　もらえる
4　ほしい　人は　カードが　もらえる

3ばん

1　電車
2　タクシー
3　自転車
4　車

4ばん

1　海で　魚を　つったり、泳いだり　する
2　キャンプに　行って、花火を　する
3　アルバイトを　一日　休んで、おまつりに　行く
4　おまつりに　行って、花火を　見る

5ばん

1　寝坊して、スマホが　見つからなかったから

2　寝坊して、電車も　遅れたから

3　スマホが　見つからなくなり、電車も　遅れたから

4　電車が　遅れ、バスも　時間が　かかったから

6ばん

1　好きな　料理じゃないから

2　お昼ごはんが　おそかったから

3　おかしを　たくさん　食べたから

4　ダイエットして　いるから

7ばん

1　夕方　6時

2　夕方　5時半

3　夕方　5時10分

4　夕方　5時

3rd 22~28

もんだい3

もんだい3では、えを 見(み)ながら しつもんを 聞(き)いて ください。➡(やじるし)の 人(ひと)は 何(なん)と 言(い)いますか。1から3の 中(なか)から、いちばん いい ものを 一(ひと)つ えらんで ください。

れい

1ばん

２ばん

３ばん

4ばん

5ばん

3rd 29-38

もんだい4

もんだい4では、えなどが　ありません。まず　ぶんを　聞いて　ください。それから、　そのへんじを　聞いて、1から3の　中から、いちばん　いい　ものを　一つ　えらんで　ください。

— メモ —

模擬試験の採点表

配点は、この模擬試験で設定したものです。実際の試験では公表されていませんが、各科目の合計得点の目安が示されているので、それに基づきました。「基準点＊の目安」と「合格点の目安」も、それぞれ実際のものを参考に設定しました（下記）。

基準点…言語知識（文字・語彙・文法）＋読解＝38点、聴解＝19点
合格点…90点（得点の範囲：0～180点）

＊基準点：得点がこれに達しない場合、総合得点に関係なく、それだけで不合格になる。

★合格可能性を高めるために、80点以上の得点を目指しましょう。
★基準点に達しない科目があれば、重点的に復習しましょう。

●言語知識（文字・語彙・文法）／読解

大問	配点	満点	第1回		第2回		第3回	
			正解数	得点	正解数	得点	正解数	得点
言語知識（文字・語彙）								
問題1	1点×7問	7						
問題2	1点×5問	5						
問題3	1点×8問	8						
問題4	1点×4問	4						
問題5	1点×4問	4						
言語知識（文法）								
問題1	1点×13問	13						
問題2	1点×4問	4						
問題3	1点×4問	4						

読解								
問題4	4点×3問	12						
問題5	4点×3問	12						
問題6	4点×2問	8						
合計		81						
（基準点の目安）				(26)		(26)		(26)

●聴解

大問	配点	満点	第1回		第2回		第3回	
			正解数	得点	正解数	得点	正解数	得点
問題1	3点×8問	24						
問題2	3点×7問	21						
問題3	2点×5問	10						
問題4	1点×8問	8						
合計		63						
（基準点の目安）				(20)		(20)		(20)

	第1回	第2回	第3回
総合得点	／144	／144	／144
（合格点の目安）	(72)	(72)	(72)

日本語能力試験 N4　完全模試 SUCCESS　かいとうようし

第1回　げんごちしき（もじ・ごい）

なまえ Name	

〈ちゅうい　Notes〉

1. くろいえんぴつ（HB、No.2）でかいてください。（ペンやボールペンではかかないでください）
   Use a black medium soft (HB or No.2) pencil.
   (Do not use any kind of pen.)
2. かきなおすときは、けしゴムできれいにけしてください。
   Erase any unintended marks completely.
3. きたなくしたり、おったりしないでください。
   Do not soil or bend this sheet.
4. マークれい　Marking examples

よいれい Correct Example	わるいれい Incorrect Examples
●	⊘ ✓ ○ ⓪ ⊜ ⦶ ◍

もんだい 1				
1	①	②	③	④
2	①	②	③	④
3	①	②	③	④
4	①	②	③	④
5	①	②	③	④
6	①	②	③	④
7	①	②	③	④
もんだい 2				
8	①	②	③	④
9	①	②	③	④
10	①	②	③	④
11	①	②	③	④
12	①	②	③	④

もんだい 3				
13	①	②	③	④
14	①	②	③	④
15	①	②	③	④
16	①	②	③	④
17	①	②	③	④
18	①	②	③	④
19	①	②	③	④
20	①	②	③	④
もんだい 4				
21	①	②	③	④
22	①	②	③	④
23	①	②	③	④
24	①	②	③	④
もんだい 5				
25	①	②	③	④
26	①	②	③	④
27	①	②	③	④
28	①	②	③	④

日本語能力試験 N4　完全模試 SUCCESS　かいとうようし

第１回　げんごちしき（ぶんぽう）・どっかい

なまえ Name	

〈ちゅうい　Notes〉

1. くろいえんぴつ(HB、No.2)でかいてください。(ペンやボールペンではかかないでください)
   Use a black medium soft (HB or No.2) pencil.
   (Do not use any kind of pen.)
2. かきなおすときは、けしゴムできれいにけしてください。
   Erase any unintended marks completely.
3. きたなくしたり、おったりしないでください。
   Do not soil or bend this sheet.
4. マークれい　Marking examples

よいれい Correct Example	わるいれい Incorrect Examples
●	⊗ ✓ ○ ⓪ ⊘ ⦶ ◍

もんだい 1				
1	①	②	③	④
2	①	②	③	④
3	①	②	③	④
4	①	②	③	④
5	①	②	③	④
6	①	②	③	④
7	①	②	③	④
8	①	②	③	④
9	①	②	③	④
10	①	②	③	④
11	①	②	③	④
12	①	②	③	④
13	①	②	③	④
もんだい 2				
14	①	②	③	④
15	①	②	③	④
16	①	②	③	④
17	①	②	③	④

もんだい 3				
18	①	②	③	④
19	①	②	③	④
20	①	②	③	④
21	①	②	③	④
もんだい 4				
22	①	②	③	④
23	①	②	③	④
24	①	②	③	④
もんだい 5				
25	①	②	③	④
26	①	②	③	④
27	①	②	③	④
もんだい 6				
28	①	②	③	④
29	①	②	③	④

日本語能力試験 N4　完全模試 SUCCESS　かいとうようし
第1回　ちょうかい

なまえ Name	

〈ちゅうい　Notes〉

1. くろいえんぴつ(HB、No.2)でかいてください。(ペンやボールペンではかかないでください)
   Use a black medium soft (HB or No.2) pencil.
   (Do not use any kind of pen.)
2. かきなおすときは、けしゴムできれいにけしてください。
   Erase any unintended marks completely.
3. きたなくしたり、おったりしないでください。
   Do not soil or bend this sheet.
4. マークれい　Marking examples

よいれい Correct Example	わるいれい Incorrect Examples
●	⊘ ✓ ○ ⓪ ⊜ ⦶ ◌

もんだい 1				
れい	①	●	③	④
1	①	②	③	④
2	①	②	③	④
3	①	②	③	④
4	①	②	③	④
5	①	②	③	④
6	①	②	③	④
7	①	②	③	④
8	①	②	③	④

もんだい 2				
れい	①	②	●	④
1	①	②	③	④
2	①	②	③	④
3	①	②	③	④
4	①	②	③	④
5	①	②	③	④
6	①	②	③	④
7	①	②	③	④

もんだい 3			
れい	①	②	●
1	①	②	③
2	①	②	③
3	①	②	③
4	①	②	③
5	①	②	③

もんだい 4			
れい	①	●	③
1	①	②	③
2	①	②	③
3	①	②	③
4	①	②	③
5	①	②	③
6	①	②	③
7	①	②	③
8	①	②	③

日本語能力試験 N4　完全模試 SUCCESS　かいとうようし

第２回　げんごちしき（もじ・ごい）

なまえ Name	

〈ちゅうい　Notes〉

1. くろいえんぴつ（HB、No.2）でかいてください。（ペンやボールペンではかかないでください）
   Use a black medium soft (HB or No.2) pencil.
   (Do not use any kind of pen.)
2. かきなおすときは、けしゴムできれいにけしてください。
   Erase any unintended marks completely.
3. きたなくしたり、おったりしないでください。
   Do not soil or bend this sheet.
4. マークれい　Marking examples

よいれい Correct Example	わるいれい Incorrect Examples
●	⊘ ✓ ○ ⓪ ⊜ ⦶ ◯

もんだい　1				
1	①	②	③	④
2	①	②	③	④
3	①	②	③	④
4	①	②	③	④
5	①	②	③	④
6	①	②	③	④
7	①	②	③	④
もんだい　2				
8	①	②	③	④
9	①	②	③	④
10	①	②	③	④
11	①	②	③	④
12	①	②	③	④

もんだい　3				
13	①	②	③	④
14	①	②	③	④
15	①	②	③	④
16	①	②	③	④
17	①	②	③	④
18	①	②	③	④
19	①	②	③	④
20	①	②	③	④
もんだい　4				
21	①	②	③	④
22	①	②	③	④
23	①	②	③	④
24	①	②	③	④
もんだい　5				
25	①	②	③	④
26	①	②	③	④
27	①	②	③	④
28	①	②	③	④

日本語能力試験 N4　完全模試 SUCCESS　かいとうようし

第2回　げんごちしき（ぶんぽう）・どっかい

なまえ Name	

〈ちゅうい　Notes〉

1. くろいえんぴつ（HB、No.2）でかいてください。（ペンやボールペンではかかないでください）
   Use a black medium soft (HB or No.2) pencil.
   (Do not use any kind of pen.)
2. かきなおすときは、けしゴムできれいにけしてください。
   Erase any unintended marks completely.
3. きたなくしたり、おったりしないでください。
   Do not soil or bend this sheet.
4. マークれい　Marking examples

よいれい Correct Example	わるいれい Incorrect Examples
●	⊗ ✓ ○ ⓪ ⊜ ⦶ ◍

もんだい 1				
1	①	②	③	④
2	①	②	③	④
3	①	②	③	④
4	①	②	③	④
5	①	②	③	④
6	①	②	③	④
7	①	②	③	④
8	①	②	③	④
9	①	②	③	④
10	①	②	③	④
11	①	②	③	④
12	①	②	③	④
13	①	②	③	④
もんだい 2				
14	①	②	③	④
15	①	②	③	④
16	①	②	③	④
17	①	②	③	④

もんだい 3				
18	①	②	③	④
19	①	②	③	④
20	①	②	③	④
21	①	②	③	④
もんだい 4				
22	①	②	③	④
23	①	②	③	④
24	①	②	③	④
もんだい 5				
25	①	②	③	④
26	①	②	③	④
27	①	②	③	④
もんだい 6				
28	①	②	③	④
29	①	②	③	④

日本語能力試験 N4　完全模試 SUCCESS　かいとうようし

第2回　ちょうかい

なまえ Name	

〈ちゅうい　Notes〉

1. くろいえんぴつ(HB、No.2)でかいてください。(ペンやボールペンではかかないでください)
   Use a black medium soft (HB or No.2) pencil.
   (Do not use any kind of pen.)
2. かきなおすときは、けしゴムできれいにけしてください。
   Erase any unintended marks completely.
3. きたなくしたり、おったりしないでください。
   Do not soil or bend this sheet.
4. マークれい　Marking examples

よいれい Correct Example	わるいれい Incorrect Examples
●	⊘ ✓ ○ ⓪ ⊜ ⦶ ◍

もんだい 1				
れい	①	●	③	④
1	①	②	③	④
2	①	②	③	④
3	①	②	③	④
4	①	②	③	④
5	①	②	③	④
6	①	②	③	④
7	①	②	③	④
8	①	②	③	④

もんだい 2				
れい	①	②	●	④
1	①	②	③	④
2	①	②	③	④
3	①	②	③	④
4	①	②	③	④
5	①	②	③	④
6	①	②	③	④
7	①	②	③	④

もんだい 3			
れい	①	②	●
1	①	②	③
2	①	②	③
3	①	②	③
4	①	②	③
5	①	②	③

もんだい 4			
れい	①	●	③
1	①	②	③
2	①	②	③
3	①	②	③
4	①	②	③
5	①	②	③
6	①	②	③
7	①	②	③
8	①	②	③

日本語能力試験 N4　完全模試 SUCCESS　かいとうようし

第3回　げんごちしき（もじ・ごい）

なまえ Name	

〈ちゅうい　Notes〉

1. くろいえんぴつ(HB、No.2)でかいてください。（ペンやボールペンではかかないでください）
   Use a black medium soft (HB or No.2) pencil.
   (Do not use any kind of pen.)
2. かきなおすときは、けしゴムできれいにけしてください。
   Erase any unintended marks completely.
3. きたなくしたり、おったりしないでください。
   Do not soil or bend this sheet.
4. マークれい　Marking examples

よいれい Correct Example	わるいれい Incorrect Examples
●	⊘ ✓ ○ ⓪ ⊜ ⦶ ●

もんだい 1				
1	①	②	③	④
2	①	②	③	④
3	①	②	③	④
4	①	②	③	④
5	①	②	③	④
6	①	②	③	④
7	①	②	③	④
もんだい 2				
8	①	②	③	④
9	①	②	③	④
10	①	②	③	④
11	①	②	③	④
12	①	②	③	④

もんだい 3				
13	①	②	③	④
14	①	②	③	④
15	①	②	③	④
16	①	②	③	④
17	①	②	③	④
18	①	②	③	④
19	①	②	③	④
20	①	②	③	④
もんだい 4				
21	①	②	③	④
22	①	②	③	④
23	①	②	③	④
24	①	②	③	④
もんだい 5				
25	①	②	③	④
26	①	②	③	④
27	①	②	③	④
28	①	②	③	④

日本語能力試験 N4　完全模試 SUCCESS　かいとうようし

第３回　げんごちしき（ぶんぽう）・どっかい

なまえ Name	

〈ちゅうい　Notes〉

1. くろいえんぴつ（HB、No.2）でかいてください。（ペンやボールペンではかかないでください）
   Use a black medium soft (HB or No.2) pencil.
   (Do not use any kind of pen.)
2. かきなおすときは、けしゴムできれいにけしてください。
   Erase any unintended marks completely.
3. きたなくしたり、おったりしないでください。
   Do not soil or bend this sheet.
4. マークれい　Marking examples

よいれい Correct Example	わるいれい Incorrect Examples
●	⊘ ✓ ◯ ⓪ ⊗ ◐ ●

もんだい　1				
1	①	②	③	④
2	①	②	③	④
3	①	②	③	④
4	①	②	③	④
5	①	②	③	④
6	①	②	③	④
7	①	②	③	④
8	①	②	③	④
9	①	②	③	④
10	①	②	③	④
11	①	②	③	④
12	①	②	③	④
13	①	②	③	④
もんだい　2				
14	①	②	③	④
15	①	②	③	④
16	①	②	③	④
17	①	②	③	④

もんだい　3				
18	①	②	③	④
19	①	②	③	④
20	①	②	③	④
21	①	②	③	④
もんだい　4				
22	①	②	③	④
23	①	②	③	④
24	①	②	③	④
もんだい　5				
25	①	②	③	④
26	①	②	③	④
27	①	②	③	④
もんだい　6				
28	①	②	③	④
29	①	②	③	④

日本語能力試験 N4　完全模試 SUCCESS　かいとうようし

第3回　ちょうかい

なまえ Name	

〈ちゅうい　Notes〉

1. くろいえんぴつ(HB、No.2)でかいてください。
(ペンやボールペンではかかないでください)
Use a black medium soft (HB or No.2) pencil.
(Do not use any kind of pen.)
2. かきなおすときは、けしゴムできれいにけしてください。
Erase any unintended marks completely.
3. きたなくしたり、おったりしないでください。
Do not soil or bend this sheet.
4. マークれい　Marking examples

よいれい Correct Example	わるいれい Incorrect Examples
●	⊘ ✓ ○ ⓪ ⊜ ⦶ ◍

もんだい 1				
れい	①	●	③	④
1	①	②	③	④
2	①	②	③	④
3	①	②	③	④
4	①	②	③	④
5	①	②	③	④
6	①	②	③	④
7	①	②	③	④
8	①	②	③	④

もんだい 2				
れい	①	②	●	④
1	①	②	③	④
2	①	②	③	④
3	①	②	③	④
4	①	②	③	④
5	①	②	③	④
6	①	②	③	④
7	①	②	③	④

もんだい 3			
れい	①	②	●
1	①	②	③
2	①	②	③
3	①	②	③
4	①	②	③
5	①	②	③

もんだい 4			
れい	①	●	③
1	①	②	③
2	①	②	③
3	①	②	③
4	①	②	③
5	①	②	③
6	①	②	③
7	①	②	③
8	①	②	③